Schnitzen für Kinder ab 5 Jahren

Alles, was Kinder über das Schnitzen wissen sollten und wie es gelingt

Autor
Markus Bunt

ISBN: 9798543648933

Inhalt

Einleitung

Du bist kreativ und arbeitest gerne mit Deinen Händen? Dann versuche es doch mal mit Schnitzen. Damit Du Dich nicht verletzt, solltest Du ein paar Dinge beachten und dann kann es auch schon losgehen. Du solltest zu Anfang unbedingt Deine Eltern mit einbeziehen, um die Gefahren, die beim Schnitzen auftreten können, kennenzulernen. Nimm am Anfang erst einmal kleine Stöcke und Äste. Der Durchmesser sollte nicht mehr als 1-2 cm betragen. Nimm Grünholz, das von der Haselnuss kommt oder Weide. Das Grünholz ist Holz, welches noch frisch ist und somit weich. Das Schnitzen ist so einfacher. Schnitze Richtung Holzmaserung. So brauchst Du weniger Kraft beim Schnitzen. Zudem kann das Holz nicht fasern. Hast Du das richtige Taschenmesser, kann es auch schon losgehen. Lasse Deiner Fantasie freien Lauf. Du förderst mit dem Schnitzen Deine Konzentration und Deine Ausdauer. Es gibt Dir Selbstvertrauen und macht einen Riesenspaß.

Zu Anfang versuche mal einen Stock anzuspitzen, um zum Beispiel später dann ein Lagerfeuer zu machen und Stockbrot über dem Lagerfeuer zu machen. Du lernst so richtig mit dem Messer umzugehen. Machst Du Dich direkt daran, beispielsweise Holztierchen zu schnitzen und es gelingt Dir nicht so, wie Du es gerne hättest, bist Du schnell entmutigt. Taste Dich langsam Schritt für Schritt heran und Du verlierst nicht den Spaß am Schnitzen. Beherrschst Du das Anspitzen, versuche Dich doch mal an Verzierungen auf Deinem Wanderstock. Recht einfach zu schnitzen sind auch Pilze. Probiere es einfach mal aus. Klappt es nicht direkt, lasse Dich nicht entmutigen. Du kennst sicher den Spruch, Übung macht den Meister. Bleibe am Ball und Du wirst schnell merken, dass es immer besser klappt. Es ist ein schönes Gefühl, selber etwas gemacht zu haben. Du kannst stolz auf Dich sein und hältst ein echtes Unikat in den Händen. Genau das Gleiche gibt es nicht noch einmal.

Hinweis:

Bevor du mit dem Schnitzen beginnst, gib immer deinen Eltern Bescheid und frage, ob Sie dich unterstützen können. Vor allem am Anfang ist dies wichtig.

Was ist Schnitzen?

Beim Schnitzen brauchst Du ein Messer und ein Stück Holz, wenn Du Holz magst und gerne mit Holz arbeitest, versuche es einfach mal. Im Grunde genommen brauchst Du nicht mehr als ein geeignetes Messer und ein Stück Holz. Es gibt auch andere Werkzeuge. Diese nutzen Handwerker, um Dinge aus Holz herzustellen, die sie dann verkaufen. Für den Anfang reicht aber erst einmal ein gutes Messer. Du schabst beim Schnitzen kleine Holzstückchen vom großen Holzstück ab. Damit gibst Du dem Holz eine bestimmte Form. Durch die scharfe Klinge des Messers kannst Du Stück für Stück kleine Holzspäne vom Holz abschaben. Nach und nach entsteht eine gewisse Form des Holzstückes, die Du Dir vorher ausgedacht hast. Außer Holz gibt es noch weitere Materialien zum Schnitzen. Früher wurde zum Beispiel aus Elfenbein geschnitzt, hierbei handelt es sich um die Stoßzähne der Elefanten. Heute ist das verboten, da den Tieren die Stoßzähne entfernt werden.

Auch aus dicken Eisblöcken kannst Du Figuren schnitzen. Du kennst doch Halloween und die Kürbisse mit den Gesichtern. Die Gesichter in den Kürbis zu schneiden, hier wird auch von Schnitzen gesprochen. Weitere Materialien zum Schnitzen sind Wachs, Gips, Beton oder auch Metalle. Du fertigst aus einem Material, das keine richtige Form hat Gebrauchsgegenstände, nützliche Dinge für Dich wie zum Beispiel Kegel zum Kegeln oder Gegenstände für den Alltag, wie beispielsweise einen Löffel. Du kannst Dir auch Dein eigenes Spielzeug schnitzen. Oder schnitze doch einmal etwas, was es so noch gar nicht gibt. Dir fällt sicherlich etwas ein. Du kannst so viel ausprobieren, nicht nur Figuren aus Holz schnitzen oder Gesichter in Kürbisse. Beim Holz kannst Du Dich an verschiedenen Hölzern versuchen von weich bis hart. Schnitzen hat eine lange Tradition. Früher wurden zahlreiche Dinge, die Du im Alltag brauchst, mittels Schnitzereien angefertigt. Sei es Besteck, Teller, Schüsseln, Körbe, Tassen, Krüge und noch einiges mehr. Auch heute noch sind Gegenstände aus Holz sehr beliebt.

Für wen ist Schnitzen geeignet?

Ab welchem Alter Du schnitzen lernen kannst, kann nicht pauschal gesagt werden. Im Allgemeinen wird davon gesprochen, dass ab einem Alter von fünf Jahren die ersten Übungen versucht werden können. Es ist wichtig, dass Du in der Lage bist, ein Messer mit Deiner Hand festhalten zu können. Außerdem entwickelst Du erst ab einem bestimmten Alter das Verständnis für den Umgang mit einem Schnitzmesser, einem Stechbeitel oder einem Stecheisen. Es gibt auch Hersteller von Schnitzmessern für Kinder ab drei Jahren. Die Schnitzmesser für Kinder haben eine abgerundete Spitze. Das schützt Dich vor Verletzungen. Ein Schnitzmesser für Kinder ist auch extra so gemacht, das es in Deine Kinderhand passt. Es ist ein wenig kleiner. Der Griff und auch die Klinge sind kürzer. Wichtig ist, dass Du Dich für das Schnitzen interessierst und es gerne ausprobieren möchtest. Vielleicht wolltest Du schon mit knapp 2 Jahren beim Gemüse schnippeln helfen. Zudem ist wichtig, dass Du das Holz längere Zeit fest in Deiner Hand halten kannst.

Es gibt verschiedene Schnitzmesser nach Alter sortiert. Du solltest verstehen können, dass es sich bei einem Messer nicht um ein Spielzeug handelt. Du darfst es nicht nutzen, um damit anderen Angst zu machen. Im Prinzip kann jeder schnitzen. Versuche es doch mal zusammen mit Deinen Eltern. Anders gesagt schnitzen kann jedes Kind. Egal ob groß oder klein, jeder kann schnitzen lernen. Auf die Übung kommt es an. Je mehr Du schnitzt, je schneller wirst Du es können. Es ist noch kein Meister vom Himmel gefallen. Nach einiger Zeit stellt sich das Gefühl für das Holz und das Werkzeug ein. Zusammen macht es noch mehr Spaß und Du teilst mit jemand anderem das gleiche Hobby. Das verbindet einander und Du kannst gemeinsam Zeit mit Deiner Familie verbringen und ihr gegenseitig voneinander lernen. So geht auch die Motivation nicht so schnell verloren, wenn es mal nicht so läuft, wie Du es Dir wünscht. Probiert es einfach mal zusammen aus.

Worauf sollten Eltern achten, bevor sie ihr Kind schnitzen lassen?

Es ist wichtig, dass Du nie alleine schnitzt. Es sollte immer ein Erwachsener mit dabei sein. Hast Du ein wenig Angst, kannst Du auch mit einem Schnitzhandschuh schnitzen. So bist Du noch mal extra gesichert und es besteht weniger die Gefahr, das Du Dich schneiden kannst. Denke aber daran schnitzen ist und bleibt gefährlich und Du musst gut aufpassen. Deine Eltern sollten Dir das Schnitzen zutrauen und Vertrauen in Dich und Deine Fähigkeiten haben. Das ist ganz wichtig für Dein Selbstvertrauen. Wichtig ist, dass sie Dich ausprobieren lassen, Dich dabei unterstützen und Dich immer wieder ermutigen, wenn Du mal aufgeben möchtest. Deine Eltern sollten auf ein paar Dinge achten. Schnitze nur, wenn Du im Schneidersitz sitzt. Läufst Du mit dem Messer, so ist die Klinge immer geschlossen. Du darfst nur von Deinem Körper weg schnitzen. Weiterhin gilt es darauf zu achten, dass der Abstand zu anderen Personen groß genug ist.

Lege das Stück Holz nicht auf Deine Beine, wenn Du schnitzt. Am besten suchst Du Dir einen geschützten und ruhigen Raum, wo Du nicht abgelenkt bist. Klappe die Klinge des Messers erst dann aus, wenn Du sitzt. Bist Du fertig mit dem Schnitzen, klappe das Messer sofort wieder ein. Deine Eltern sollten ein Vorbild für Dich sein, was den Umgang mit dem Messer beim Schnitzen betrifft. Bringen sie Dir alles bei, um richtig geschützt zu sein und achten darauf, das Du die Regeln befolgst, kann im Grunde genommen nichts schiefgehen. Das Schnitzmesser darfst Du nur da benutzen, wo Du sitzt. Zudem musst Du die Umgebung im Auge behalten. Sollte jemand an Dir vorbeigehen, hörst Du auf mit dem Schnitzen, bis derjenige weg ist. Schnitze immer entlang der Holzmaserung. Jedes Mal, wenn Du mit dem Schnitzen aufhörst, reinige das Messer und trockne es ab.

Welches Holz ist am besten für Kinder geeignet?

Weiche Holzarten sind für Dich zum Schnitzen genau die richtigen. Du kannst zum Beispiel Lindenholz verwenden. Es ist weich und zudem auch kurzfaserig, beständig und elastisch. So kannst Du auch ganz kleine Details sehr schön herausarbeiten. Das Lindenholz hat keine Astgabelungen. Die Farben des Holzes reichen von einem hellen weißgelb bis hin zu einem leichten Rosa. Es dunkelt mit der Zeit nach. Auch Ahornholz lässt sich gut schnitzen. Es ist sehr hell und sieht cremeweiß aus. Es kann auch leicht gelblich aussehen. Ahornholz braucht lange zum Nachdunkeln. Da es sehr hell ist, kannst Du es, nachdem Schnitzen, Beizen und auch bemalen. Es ist mäßig hart und gehört schon zu den Harthölzern. Es ist schwerer zu schnitzen als dies bei Lindenholz der Fall ist. Das Holz der Zirbelkiefer ist ebenfalls ein weiches Holz. Du kannst es gut trocknen und es reißt nicht. Sehr viele Äste hat die Zirbelkiefer. Zudem duftet sie besonders gut.

In der Zirbelkiefer sind ätherischen Öle im Holz enthalten, daher duftet sie ausgesprochen gut. Durch diese kann das Holz nicht schimmeln und es können keine Schädlinge eindringen. Zirbelholz ist, was die Farbe betrifft, recht auffällig. Die unterschiedlichen Farben fangen an bei Gelb und gehen manchmal auch leicht ins Rötliche hinein. Du wirst bemerken, das Zirbelholz stark nachdunkelt. Das Holz der Kastanie gehört ebenfalls in die Rubrik Weichholz. Seine Farbe reicht von einem hellen Gelb bis ins Rötliche. Bei der Pappel handelt es sich um einen Laubbaum. Die Eigenschaften sind jedoch die eines Nadelbaumes. Pappelholz kannst Du sehr gut schnitzen. Zudem reißt es nicht beim Schnitzen. Durch die enthaltene Zellulose ist es extrem flexibel und weich. Trotzdem kann es große Belastungen aushalten. Die Maserung des Pappelholzes ist weniger schön. Am besten Du bemalst es, nachdem Du mit dem Schnitzen fertig bist. Probiere einfach ein bisschen aus, mit welchem Holz Du am besten arbeiten kannst und welches Dir gut gefällt. Dann macht das Schnitzen auch am meisten Spaß.

Was kann ein Kind schnitzen?

Mit dem Schnitzen trainierst Du Deine Feinmotorik, Deine Ausdauer, Deine Kreativität und Dein Selbstbewusstsein. Ein ideales Übungsstück ist der „Wurststecken“, um die ersten Erfahrungen zu machen beim Schnitzen. Spitze einfach einen Zweig, der daumendick ist an einem Ende an. Du kannst auch die Rinde ablösen und den Stock dann noch verzieren. Ritze einfach die Rinde an und hebele sie ab mit der Messerspitze. Eine kleine Astgabel ist perfekt, um daraus eine Essgabel zu schnitzen. Schäle die Rinde an den Zinken ab und spitze die Gabelenden an. Um Perlen aus Holz zu machen, eignen sich fingerdicke Holunderzweige hervorragend. Schnitze zunächst einmal kleine Verzierungen ein. Dann sägst Du den Zweig in einzelne Abschnitte. Jeder Abschnitt sollte ein paar Zentimeter haben. Der Handbohrer ist perfekt, um damit das Mark aus dem Holz herauszunehmen. Du kannst auch einen langen Schaschlikspieß dafür nehmen oder eine alte Fahrradspeiche. Ziehe die Perlen auf eine Schnur und Deine Naturkette ist fertig.

Wie wäre es mit einem Klangstab oder einem Blasrohr? Mute Dir für den Anfang nicht zu viel zu. Beginne mit etwas leichtem. Das Erste, was Du schnitzt, sollte wenig Details haben. Bekomme erst einmal das Gefühl für die Werkzeuge und das Holz. Schalen, Teller oder einfache Holztiere eignen sich dafür auch sehr gut. Du kannst auch ein Messer schnitzen. Du brauchst nur ein wenig Übung und Dir gelingen die tollsten Kunstwerke. Mache Dir Deinen Halsschmuck selber oder Werkzeuge, die Du zum Graben brauchst. Du wirst schnell merken, wie schön es ist, Dinge selber herzustellen. Sollte Dir so gar nichts einfallen oder möchtest gerne etwas Bestimmtes schnitzen, traust Dich aber noch nicht an diese Dinge heran, dann gibt es auch Sets zum Schnitzen, wo alles genau vorgegeben ist. Diese sind besonders gut für Anfänger geeignet. Egal was es sein wird Deine Eltern werden stolz auf Dich sein. Wie wäre es beispielsweise mit einem selbst gemachten Weihnachtsgeschenk für Deine Mama und Deinen Papa? Sie werden sich riesig freuen.

Welches Schnitzmesser ist für Kinder geeignet?

Es gibt so viele verschiedene Schnitzmesser für Kinder. Auf einige Dinge solltest Du achten, damit Du ein gutes Schnitzmesser in Deinen Händen hältst. Das erste Taschenmesser für Dich sollte eine abgerundete Spitze haben. Damit kannst Du Dich weniger verletzen. Soll es ein Klappmesser sein, wie ein Schweizer Taschenmesser, ist es wichtig, dass es mit einer Sicherheitsverriegelung ausgestattet ist. So kann das Messer sich nicht ohne das Du es möchtest von alleine einklappen. Ist das Schnitzmesser ein Klappmesser mit einer Klinge und einem Griff, sollte das Schnitzmesser einen Schutz haben, damit Deine Hand nicht ohne das Du es möchtest vom Griff auf die Klinge rutscht. Bist Du zwischen 5 und 7 Jahren alt fange an, mit einem einfachen Schnitzmesser an zu üben. Es sollte keines zum Klappen sein. Das Schnitzmesser sollte sich in einem Etui befinden. Ab 8 Jahren kannst Du schon mit einem Schweizer Taschenmesser arbeiten. Dieses hat außer einer Klinge noch einige andere Werkzeuge zu bieten.

Es gibt extra Schweizer Taschenmesser für Kinder zu kaufen. Die Klingen sind bei solchen Messern abgerundet. Zusätzliche Werkzeuge können eine Holzsäge und eine Lupe sein. Zudem haben sie eine Sicherheitsblockierung. Schnitzmesser für Kinder haben einen rutschfesten Griff. Dadurch kannst Du sie sehr gut packen und sitzen fest in Deiner Hand. Es gibt auch Schnitzmesser, die einen extra Abrutsch-Schutz haben. Bei einem starken Widerstand kommst Du nicht in Berührung mit der Klinge. Wichtig ist die Verarbeitung des Messers. Gerade die Verbindung zwischen der Klinge und dem Griff muss gut verarbeitet sein. Es ist wichtig, dass sie sicher und fest ist. Du hast einen besseren Halt, wenn der Griff ergonomisch geformt ist und eine raue Oberfläche hat. Holzgriffe bieten ein warmes Gefühl. Das Messer muss zu Deiner Hand passen. Ein kurzes Messer ist besser für Dich als ein langes. Wenn Du ein hochwertiges Schnitzmesser hast, kannst Du es viele Jahre benutzen. Wichtig ist zudem eine gute Klinge, auf diese solltest Du bereits beim Kauf achten.

Was ist ein Opinel Messer?

Das Opinel Messer ist wohl mit eines der Messer, die am bekanntesten sind. Das Opinel Messer hat einen Griff aus Buchenholz. Aus Kohlenstoffstahl besteht die Klinge. Sie kann auch gefertigt sein aus Sandvik Stahl. Mittlerweile gibt es auch Griffe aus anderen Holzarten. Dazu gehören Walnuss, Eiche, Rosenholz, Olive sowie gebeizter Hainbuche oder Horn des amerikanischen Rindes. Zur Kollektion gehören auch Gärtnermesser, ein spezial Pilzmesser mit einer gebogenen Klinge sowie einer Bürste. Die Outdoor Messer sind neu. Der Griff besteht aus Kunststoff und die Klinge hat eine Sägezahnung sowie einen Schäkelöffner. Hinzukommen Küchenmesser, Kochmesser sowie andere Produkte. Du siehst, für jeden Bereich ist das richtige Messer dabei.
Opinel stellt auch Messer für Kinder her. Es ist ein Klappmesser, welches wie das Opinel No. 8 gefertigt wurde, aber die Spitze abgerundet ist. Der Griff ist aus Buchenholz und hat das Virobloc-Sicherheits-System. Das Opinel Messer für Kinder gibt es in den Farben grün, rot, blau, buche und pink.

Wieso kann man Kinder in der Entwicklung mit schnitzen fördern?

Kindern tut es gut, sich mit dem Schnitzen zu befassen. Indem Du das Messer führst, förderst Du Deine Motorik, sowohl die Grobmotorik als auch die Feinmotorik werden intensiver ausgeprägt. Dieses Hobby fördert gleichzeitig auch Deine Geschicklichkeit, Deine Kreativität und Deine Fantasie. Alles was Du schnitzt, ist ein echtes Unikat. Es gibt das, was Du hergestellt hast kein zweites Mal. Schnitze das, was Du Dir ausgedacht hast.

Durch das Schnitzen wird Deine Konzentration gefördert. Fällt es Dir schwer, Dich über einen längeren Zeitraum zu konzentrieren, kann das Schnitzen Dir dabei helfen, Deine Konzentration zu fördern. Beim

Schnitzen vergeht die Zeit wie im Flug und schnell sind zwei Stunden, um ohne das Du es gemerkt hast. Dein Selbstvertrauen wird gestärkt. Schnitzt Du mit Freunden zusammen, fördert dies auch Deinen Gemeinschaftssinn und Dein Zusammengehörigkeitsgefühl. Du musst Zeit und Geduld für das Schnitzen mitbringen. Zudem lernst Du etwas über Naturmaterialien und hältst Dich in der Natur auf. Schnitzen hat eine beglückende und befreiende Wirkung.

Du nimmst Dinge bewusster wahr und wirst achtsamer. Nicht zu vergessen, die Hand-Augen Koordination. Du wirst erstaunt sein, wie sich die Form eines Holzstückes verändern kann. Bist Du oft angespannt und kannst schlecht abschalten? Auch dann ist Schnitzen ideal für Dich? Du kommst zur Ruhe, da Holz nicht im Kinderzimmer wächst, musst Du raus in die Natur. So bekommst Du Sauerstoff, Du bist an der frischen Luft, was gut für Deine Gesundheit ist. Schnitzen vertreibt Dir die Langeweile. Du lernst spielerisch länger durchzuhalten. Du lernst auch Verantwortung zu übernehmen, wenn beispielsweise Dein Vater oder Dein Großvater schnitzen und sie ein Vorbild für Dich darstellen, weckt das Dein Interesse und Deinen Ehrgeiz, denn Du möchtest besser sein. Du eiferst jemandem nach. Dein Denken wird angeregt und Du wirst merken, wie die neuen Ideen in Deinem Kopf nur so sprudeln. Im Grunde genommen gibt es keine einfachere Möglichkeit, etwas zu schaffen. Ein Stück Holz findet sich draußen immer.

Dann brauchst Du noch ein gutes und sicheres Schnitzmesser und schon kann es losgehen. Schnitzen kannst Du überall. Gefördert wird auch das räumliche Denken. Hinsichtlich Deiner Entwicklung ist Schnitzen zu lernen eine echte Bereicherung. Du lernst Dinge mehr zu schätzen, da Du ein Gefühl dafür bekommst, wie lange es dauert, etwas herzustellen. Zudem wirst Du ein besseres Gefühl für den Wert der Dinge erhalten. Lasse Dich einfach mal drauf ein und Du wirst überrascht sein, wie viele Fähigkeiten Du an Dir entdeckst und wie schnell Du die Fähigkeiten präzisieren kannst. Du wirst das Gefühl haben, über Dich hinauszuwachsen.

Vorteile des Schnitzens

Du lernst spielerisch etwas über Naturmaterialien und hältst Dich am besten auch beim Schnitzen in der Natur auf. Du bekommst ein Gefühl für andere Dinge wie Tablet oder Smartphone und das es Spaß macht, sich mal aus der digitalen Welt auszuklingen. Du erfährst, dass es noch etwas anderes gibt als Computerspiele und Fernsehen. Dein Körper und Dein Geist kommen zur Ruhe, was für Deine Gesundheit wichtig ist. Schnitzen ist etwas, was gerade mit anderen zusammen Spaß macht. Du bist in einer Gemeinschaft, lernst Dein soziales Verhalten zu verbessern und kannst neue Freundschaften schließen. Beim Schnitzen heißt es auf andere Menschen Rücksicht zu nehmen und auf Deine Umgebung zu achten. Das verhindert, dass andere sich durch Dein Schnitzen verletzen könnten. Schnitzen kostet so gut wie nichts. Das Holz findest Du in der Regel im Wald. Das Messer ist der einzige Kostenpunkt, wo Du etwas investieren musst. Du kannst stolz sein auf das, was Du geschaffen hast, ob es nun so geworden ist, wie Du es Dir vorgestellt hast oder nicht. Denke immer daran, es ist noch kein Meister vom Himmel gefallen. Du hast ganz alleine ohne Hilfe etwas geschaffen mit Deinen eigenen Händen, etwas, was es so nicht gab, ein echtes Einzelstück. Das ist ein schönes Gefühl, dass Du nur bekommst, wenn Du mit Deinen eigenen Händen etwas herstellst. Zusammen schnitzen heißt zusammen Zeit verbringen. Das ist viel schöner, als alleine im Zimmer zu hocken und PC zu spielen oder fern zu schauen.

Nachteile des Schnitzens

Klar, es kann passieren, dass Du Dich verletzt. Verletzen kannst Du Dich aber genauso, wenn Du morgens aus dem Haus gehst und auf der Treppe ausrutschst. Dinge nicht zu tun, weil Du Dich verletzen könntest, ist keine Option, denn wenn Du mit dem Schnitzen beginnst, dann kann es passieren, das es nicht direkt klappt, so wie Du es Dir wünschst und Du bist enttäuscht. Doch lasse Dich nicht entmutigen, denn Rückschläge sind normal. Es kann sein, dass Deine Eltern Dir das Schnitzen nicht erlauben möchten, weil sie Angst haben, dass Du Dich verletzen könntest. Bleibe am Ball und vermittle ihnen, dass sie sich auf Dich verlassen können und Du vorsichtig sein wirst. Sage ihnen, dass Du Dich an die Regeln halten wirst und Du nicht ohne Aufsicht schnitzen wirst. Du könntest herausfinden, dass Dir Schnitzen nicht liegt und Du keinen Spaß daran hast. Die Zeit, die Du investiert hast, war aber keine vergeudete Zeit. Im Gegenteil. Du hast wichtige Erfahrungen gemacht. Du weißt jetzt das Schnitzen nichts für Dich ist und wirst etwas anderes ausprobieren. Du darfst nicht alleine schnitzen, sondern nur im Beisein eines Erwachsenen. Liegt es Dir nicht etwas zu machen, wenn Dir jemand zuschaut, könnte das ein Hindernis sein. Das, was Du geschnitzt hast, wird vielleicht nicht so wertgeschätzt von anderen, doch das sollte Dir egal sein.

Du kannst stolz auf Dich sein, auf das, was Du geschaffen hast. Nur Du alleine zählst in dem Moment und das, was Du geleistet hast. Gebe nicht so schnell auf, denn Schnitzen erlernt man nicht an einem Tag und Dein Schnitzwerk benötigt zudem einige Tage Aufmerksamkeit. Es kann in der Regel, wenn man es ordentlich machen möchte, kein Meisterwerk an einem Tag erschaffen.

Worauf kommt es beim Schnitzen an?

Am besten hast Du den Umgang mit einem Messer schon beim Gemüse oder Obst schnippeln kennengelernt. Selbst wenn das auch anders gemacht wird als das Schnitzen, weißt Du, dass ein Messer scharf ist und kannst ein Messer schon fest in der Hand halten und hast die Kontrolle darüber. Wichtig ist das ein Erwachsener an Deiner Seite ist und Du nicht unbeaufsichtigt schnitzt. Dann brauchst Du ein gutes Schnitzmesser. Für Kinder gibt es extra Schnitzmesser, ein solches solltest Du benutzen. Fange mit etwas Leichtem an. Schnitze zum Beispiel erst einmal an einem Ast eine Spitze. So bist Du nicht gleich entmutigt, wenn Du mit etwas Schwierigem anfängst und es nicht direkt klappt. Bleibe am Ball, auch wenn es nicht direkt so klappt wie Du Dir das vorgestellt hast. Das hat nichts damit zu tun, dass Du ein Kind bist, auch ein Erwachsener, der noch nie geschnitzt hat, wird keine Krippenfigur gleich auf Anhieb schnitzen können.

Ein Erwachsener fängt auch mit kleinen einfachen Dingen an. Übung macht den Meister. Beim Schnitzen kommt es auf Fingerfertigkeit an. Diese trainierst Du auch gleichzeitig beim Schnitzen. Wichtig ist eine gewisse Grundsicherheit im Umgang mit dem Messer. Du solltest ein gewisses Interesse am Schnitzen mitbringen. Hast Du gar keine Lust dazu, dann lasse es lieber bleiben, denn dann konzentrierst Du Dich vielleicht nicht so und bist nur halbherzig bei der Sache und Du könntest Dich schneller verletzen. Für weitere Arbeiten kann es sein, dass Du auch noch eine Säge, ein Beil oder eine Axt benötigst. Um filigrane Arbeiten durchführen zu können, sind ein Schnitzeisen und ein Hammer sehr gut. Glatt polieren kannst Du die Oberfläche, nachdem Schnitzen mit einem feinen Schleifschwamm.

Wichtig ist, dass Du Spaß am Schnitzen hast bzw. Dich dafür interessierst. Du solltest das Werkzeug zum Schnitzen nehmen, mit dem Du am besten umgehen kannst. Probiere zu Anfang einfach unterschiedliche Materialien aus.

Der eine kann besser mit einem feststehenden, stabilen Messer, das einen Handschutz hat, arbeiten und der andere möchte lieber direkt mit dem Kinder-Multitool beginnen. Zu Anfang ist es wichtig, dass Du Holz verwendest, bei dem Du die Rinde leicht ablösen kannst. Mache es Dir am Anfang so leicht wie möglich, um nicht schnell das Interesse zu verlieren. Sorgfalt und Pflege sind gleichermaßen wichtig beim Schnitzen, das gilt auch für die Nutzung von Schnitzmessern. Du solltest es auf jeden Fall nachdem Schnitzen reinigen. Hierzu sind Wasser und etwas Spülmittel absolut ausreichend. Sollte Dein Messer einen Holzgriff haben, schaue das er nicht mit zu viel Wasser in Berührung kommt, sonst quillt er auf. Ein Tropfen Öl kann dem Holzgriff auch nicht schaden. Mache langsame Bewegungen und lasse Dir Zeit bei Deiner Arbeit. Es geht nicht darum, dass Du als erster fertig bist.

Einstiegswissen – Was du wissen solltest

Du solltest schon einmal ein Messer in der Hand gehabt haben und es sicher führen können. Es braucht auch eine gewisse Kraft, Holz zu schnitzen. Hast Du diese noch nicht, dann warte noch etwas. Mache ein paar Vorübungen, bevor Du mit dem Schnitzen von Holz beginnst. Dazu ist Obst sehr gut geeignet. Eine Birne oder ein Apfel sind recht weich und Du kannst sie recht leicht bearbeiten. Oder versuche Dich mal an einem Stück Seife. Dabei bekommst Du für das Schnitzen mit Holz ein gutes Gefühl. Zudem brauchst Du ein gutes Messer, am besten ein Schnitzmesser für Kinder. Je nach Alter sind bei diesen Messern die Spitzen abgerundet, wodurch das Risiko, Dich zu verletzen, geringer wird. Du kannst auch zusätzlich noch einen Schnitzhandschuh anziehen, was das Risiko, Dich zu verletzen, noch mehr reduziert und wenn Du Dich an das Holz heran wagst, beginne mit einer leichten Übung.

Spitze erst einmal einen Ast an. Es sollte zu Anfang und je nach Alter immer ein Erwachsener dabei sein, wenn Du schnitzt. Das Schnitzmesser öffnen und dann mit dem Schnitzen beginne, das darfst Du nur an einem dafür vorgesehenen Platz. Verlässt Du diesen, wird das Messer vorher wieder eingeklappt. Es ist immer wichtig, dass Du einen Abstand beim Schnitzen zu anderen Personen einhältst, damit ihr euch nicht gegenseitig verletzt, falls ihr mal mit der Klinge abrutscht. Beobachte zudem beim Schnitzen Deine Umgebung. Sollte jemand an Deinem Platz vorbeigehen, so höre kurz mit dem Schnitzen auf, bis die Person weit genug entfernt von Dir ist. Ganz wichtig ist, dass Du immer von Deinem Körper weg schnitzt. Das Holz, mit dem Du Deine ersten Schnitzerfahrungen sammelst, sollte ein sehr weiches Holz sein, so musst Du nicht so viel Kraft aufbringen wie bei einem harten Holz. Wichtig ist, zu dem immer eine scharfe Klinge zu verwenden, ansonsten wird die Arbeit sehr mühselig. Mit einer stumpfen Klinge kannst Du Dich zudem eher verletzen, als dies mit einer scharfen Klinge der Fall ist.

Beim Schnitzen musst Du immer sitzen und absolut konzentriert sein. Im Stehen schnitzen gibt es nicht, denn die Gefahren sind einfach zu groß. Lege das Holzstück niemals auf den Oberschenkel, sondern nur die Arme. Beuge Dich ein wenig nach vorn, so schnitzt Du nach vorne weg und nicht direkt nach unten, wobei Du Dich schnell verletzen könntest. Sitze immer breitbeinig. Die Füße stehen fest auf dem Boden. Es wird keinesfalls in die Rinde von lebenden Bäumen geschnitzt. Übergibst Du jemandem das Messer, so wird dieses nur mit der geschlossenen Klinge übergeben. Das Messer ist kein Spielzeug. Es wird nur zum Schnitzen oder Schneiden benutzt. Es werden keine anderen Personen bedroht oder absichtlich verletzt. Schnitzt Du mit einem Taschenmesser ist immer nur ein Werkzeug des Taschenmessers ausgeklappt, so kannst Du Dich nicht an einem anderen Werkzeug verletzen. Holst Du ein neues Werkzeug heraus, klappst Du vorher, das benutzte ein. Fange mit langsamen Bewegungen an. Zu schnelle und dadurch unkontrollierte Bewegungen können zu Verletzungen führen. Langsame Bewegungen hast Du besser unter Kontrolle. Es wird immer vor der Hand am Holz geschnitzt. Niemals dahinter. Bist Du mit dem Schnitzen fertig, reinigst Du das Messer und trocknest es. Möchtest Du lange Freude an Deinem Schnitzmesser haben, dann braucht dieses eine gute Pflege, denn nur so kann es auch lange Dein treuer Begleiter sein.

Gibt es spezielle Messer für Kinder?

Mit dem Schnitzmesser kannst Du nicht nur schnitzen, sondern Du kannst es auch beim Camping nutzen und bei anderen Outdoor-Aktivitäten. Wichtig ist, dass immer ein Erwachsener bei Dir in der Nähe ist, wenn Du mit dem Messer arbeitest. Damit Du noch besser geschützt bist, gibt es Schnittschutz-Handschuhe zu kaufen, die speziell für Kinder geeignet sind. Die Schnitzmesser haben eine abgerundete Klinge, dadurch kannst Du Dich weniger verletzen. Bei den Schnitzmessern gibt es unterschiedliche Stärkegrade. Im Handel gibt es Schnitzmesser zu kaufen, die einen speziellen Abrutschschutz haben, so kommst Du auch bei einem sehr starken Widerstand nicht in Kontakt mit der Klinge. Bei den Klappmessern für Kinder befinden sich Klappmesser, die einen Klapp Schutz haben. Das Messer klappt dann, wenn Du eine unachtsame Bewegung machen solltest oder beim Schnitzen zu, wenn Deine Finger im Weg sein sollten. Die Spitze der Klinge ist stumpf, jedoch ist das Messer, wie auch bei den Messern für Erwachsene scharf.

Feststehende Messer haben eine feste Klinge. Sie liegt sicher in Deiner Hand. Sie gewährleistet, dass die Kraft ohne bewegliche Teile übertragen wird. Beginnst Du mit dem Schnitzen, ist ein solches Messer ideal. Taschenmesser und Klappmesser haben eine bewegliche Klinge und vielleicht auch noch weitere zusätzliche Funktionen, wie beispielsweise einen Korkenzieher oder andere hilfreiche Utensilien. Ein Klappmesser kannst Du sicher transportieren, wenn es zusammengeklappt ist. Es hat eine geringe Größe und lässt sich somit sehr gut verstauen. Die Zusatzfunktionen bei dem Taschenmesser ermöglichen Dir weiteren Spaß beim Werkeln. Ein Klappmesser ist nicht ganz so stabil wie das Messer mit den festen Klingen. Die beweglichen Teile können auch verschmutzen und schwergängig werden. Hast du ein Modell mit einer Schließfeder ist es wichtig, dass Du übst, wie das Messer sicher geschlossen wird.

Kinder, die schon älter sind, können zu einem Kinder-Schnitzmesser greifen. Sie haben schon Erfahrungen im Schnitzen. Diese Messer haben eine scharfe Spitze mit der Du beispielsweise Löffel ausformen kannst. Die Klinge sollte möglichst kurz sein, denn dann hast Du einen sicheren Halt und die Kraft wird besonders gut übertragen.

Ist Schnitzen abhängig von der Jahreszeit?

Im Grunde genommen kannst Du das ganze Jahr über schnitzen, auch draußen im Freien. Das Holz darf aber nicht nass sein, sodass es im Winter schwierig sein könnte, passendes Holz zu finden. Sammle einfach frühzeitig Holz für den Winter, dann hast Du einen Vorrat, wenn Du Kürbisse schnitzen möchtest, geht das nur zu der Jahreszeit, wo sie reif sind. Wichtig ist, dass Du richtig angezogen bist und mit Deinen Händen ohne Einschränkungen arbeiten kannst. Du musst das Messer und das Holz fest umfassen können. Mit kalten Fingern ist das schwer. Auch mit Handschuhen schnitzen solltest du nicht. Du kannst das, was Du schnitzt, der Jahreszeit anpassen. Im Frühjahr beispielsweise eine Holunderflöte, ein schönes Stück, gerade auch für Anfänger. Wie wäre es im Sommer mit einem Floß, dass Du auf dem Wasser treiben lassen kannst. Im Herbst könntest Du einen Pilz schnitzen und passend zum Winter einen Schneemann. Sollte das Wetter nicht mitspielen, so du auch drinnen schnitzen, eventuell nicht unbedingt in Deinem Kinderzimmer oder dem Wohnzimmer. In einem solchen Fall wäre ein Raum besser geeignet, wo sich die Späne einfach auffegen lassen. Ein Kellerraum oder ein Bastelzimmer beispielsweise ist perfekt für Schnitzarbeiten geeignet, selbst in der Garage kannst Du schnitzen. Es gibt Garagen, die beheizt sind, so musst Du auch hier nicht frieren. Draußen macht es natürlich am meisten Spaß. Schnitzt Du drinnen, muss der Raum groß genug sein, dass Du, wenn Du nicht alleine schnitzt, zu Personen und Gegenständen den nötigen Abstand halten kannst.

Welche Ausrüstung ist die richtige?

Wenn Du mit dem Schnitzen anfängst und noch recht jung bist, fange mit einem Kinderschnitzmesser an, Deine ersten Kunstwerke zu schaffen. Dieses spezielle Messer hat eine abgerundete Klinge, wodurch Du Dich nicht so leicht verletzen kannst. Das Messer sollte auch einen Einklappschutz haben. Zudem kannst Du auch einen Schnitzhandschuh tragen. Wichtig für den Anfang ist, ein weiches Stück Holz zu verwenden. Das kann ein Stück Holz sein, welches Du im Wald gefunden hast. Es gibt aber auch extra Holzstücke zum Schnitzen, die Du im Handel kaufen kannst. Bist Du schon geübt im Schnitzen, dann kannst Du den Umgang mit einem Kastanienbohrer üben und Schleifpapier benutzen oder einen Schleifstein. Je nachdem, was Du schnitzen möchtest, brauchst Du noch ein Beil, eine Säge und eine Feile. Möchtest Du das fertige Kunstwerk noch verfeinern, so streiche es mit Öl ein oder male es an. Es gibt auch Schnitzsets, wo alles schon mit dabei ist. Darin enthalten sind das Schnitzmesser, weitere Schnitzwerkzeuge, ein Stück Lindenholz sowie vorgefertigte Gegenstände, die Du verfeinern musst. Hinzukommt ein Abziehstein, um das Messer zu schärfen, ein Kerbschnitzmesser sowie ein Klüpfel und ein Stemmeisen.

Die Säge ist perfekt, um Äste auf die Länge zu schneiden, die Du brauchst. Bei dem Kastanienbohrer handelt es sich um einen Handbohrer, mit diesem kannst Du in Deine Schnitzereien Löcher bohren. Ein Loch im Griff Deiner selbst geschnitzten Gabel wäre eine Möglichkeit. Du kannst beispielsweise in das gefertigte Loch Deiner Gabel eine Schnur einfädeln, eine Schlaufe und diese aufhängen. Manche Künstler haben sogar noch eine Schnitzbank, mit der sich noch einfacher arbeiten lässt. Hast Du ein Messer, welches sich nicht einklappen lässt, ist es wichtig, dass es eine Scheide hat. Darin kannst Du es sicher verstauen und transportieren. Meistens ist die Scheide aus Nylon oder Leder und Du kannst sie an Deinem Gürtel festmachen. Nimm auch Wunddesinfektion mit und Pflaster, so kannst Du die Wunde, falls Du Dich verletzen solltest, direkt versorgen. So bist Du perfekt ausgerüstet und Du kannst endlich loslegen. Zur Ausrüstung gehört auch noch ein Erwachsener, der schaut, dass Du alles richtig machst und Dir, wenn Du einmal nicht weiterkommen solltest, helfen kann.

Wie pflegt man seine Ausrüstung am besten?

Jedes Kind, welches ein Kindertaschenmesser besitzt, ist stolz auf dieses und sieht es als absolutes Heiligtum an. Sicherlich geht es auch Dir so, oder? Damit Du lange Freude an Deinem Taschenmesser hast, solltest Du es möglichst gut pflegen. Bei den meisten Messern, wenn Du sie kaufst, ist vermerkt, dass es sich bei dem Schnitzmesser um eine rostfreie Klinge handelt. Du solltest jedoch wissen, auch wenn die Klinge rostfrei ist, dass Du Dein Schnitzmesser niemals in die Spülmaschine geben solltest.

Du solltest wissen, dass Du nicht jedes Schnitzmesser auf die gleiche Art und Weise reinigen kannst. Es gibt Modelle, die kannst Du ganz einfach über Nacht in ein Wasserbad legen und andere Modelle, wie die von Opinel, die über einen Holzgriff verfügen und niemals in ein Wasserbad gelegt werden sollten. Hast Du Dein Messer verwendet und bist Du mit der Arbeit erst einmal fertig dann solltest Du es direkt abwischen. Ist bei Deinem Taschenmesser ein Griff aus Holz vorhanden, so reinige das Messer und trockne den Griff unbedingt sofort ab, da dieser ansonsten mit der Zeit spröde und rissig werden könnte. Du solltest den Holzgriff ab und an mit Öl einreiben, so bleibt der Griff immer in seiner gewohnt guten Form. Du solltest ab und an Deine Mama oder Deinen Papa bitten, die Klinge zu überprüfen, ob diese noch scharf genug ist. Sollte die Klinge stumpf sein, was mit der Zeit der Fall sein wird, dann sollte die Klinge geschliffen werden. Hierfür musst Du nicht zwangsläufig in ein Geschäft gehen, sondern in fast jeder Küche befindet sich ein Schleifblock für Messer, dieser kann verwendet werden.

Du kannst Dir auch im Handel ein Schärfe-Set kaufen und Universalöl, welches Du für Dein Messer immer wieder verwenden kannst. Es ist wichtig, dass Du nicht nur mit dem Messer tolle Werke erschaffst, sondern Dein Messer auch immer gut pflegst. Ist die Klinge stumpf, so kann es zudem zu Verletzungen kommen, da Du beim Schnitzen stecken bleiben könntest oder abrutscht. Eine gute Klinge, je nachdem wie oft Du Sie verwendest, kann etwa 6 Monate, ohne das man sie schleifen müsste, auskommen.

Was kannst du alles schnitzen?

Es gibt eigentlich keine Grenzen, sondern Du brauchst einfach ein bisschen Übung, dann klappt es auch mit hochwertigeren Holzarbeiten. Du kannst Dir auch selber etwas ausdenken, was es so noch gar nicht gibt. Einer der Klassiker sind Pfeil und Bogen. Du spielst sicher gerne Cowboy und Indianer oder wie wäre ein Wanderstock den Du, wenn Du beispielsweise mit Deinen Eltern spazieren gehst, nutzen kannst. Ein Ast ist ein Stück Holz, aus dem Du jede Menge Sachen schnitzen kannst, auch einen Wanderstock. Es ist hier in der Regel keine Vorlage nötig. Du brauchst nur ein wenig Übung und etwas Fantasie. Aus Grünholz kannst Du hervorragend Löffel, Gabel, Messer und viele Dinge mehr schnitzen. Wie wäre es mit einem Speer, um später Stockbrot über dem Feuer zu backen. Recht einfach sind auch ein Hase oder eine Fackel. Wie wäre es mit einem Männchen. Du glaubst, dass so etwas noch viel zu anspruchsvoll ist? Nein, denn Du benötigst lediglich eine Astgabel und kannst aus dieser ein perfektes Astgesicht zaubern. Eine schöne Idee ist auch ein Klangstab oder wie wäre es mit einem Blasrohr? Bist Du etwas geübter im Schnitzen, dann versuche Dich doch mal an einem Schnitzerset.

In einem solchen Set ist eine Vorlage enthalten, wo Du nachschauen kannst, wie Du die Form schnitzen kannst. Beginne am Anfang damit, einen Haselstock zu schnitzen. Ein weiches Holz, bei dem Du nicht so viel Kraft beim Schnitzen aufwenden musst. Lasse Deiner Fantasie einfach freien Lauf. Du kannst auch etwas Eigenes kreieren und Dir einfach selber etwas ausdenken. Es kann auch sein, dass das, was Du schnitzt, verbunden ist mit einer gewissen Situation. Bist Du in einer Jugendgruppe zum Campen unterwegs und es gibt ein Lagerfeuer und vorher wird geschnitzt, dann schnitze doch eine Holzgabel für das Stockbrot. Es gibt sehr viele Ideen, die Du perfekt umsetzen kannst. An Halloween kannst Du ein Gesicht in einen Kürbis schnitzen oder gruselige Männchen aus Holz. Dir fällt bestimmt etwas ein. Wie wäre es mit einer selbst geschnitzten Pfeife? Sollte Dir so gar nichts einfallen, so gibt es viele Bücher zu kaufen, Videos, wo Du Dir Werke von anderen Künstlern ansehen kannst oder fertige Schnitzsets, an denen Du Dich versuchen kannst. Es gibt so vieles zu schnitzen, da könntest Du jahrelang mit schnitzen beschäftigt sein.

Ideen und Inspirationen für Deine ersten Werke

In Zeiten des Internets ist die Auswahl an Ideen und Inspirationen, um mit Kindern zu schnitzen, unendlich groß. Neben dem Internet gibt es auch zahlreiche Bücher, in denen Ideen und die dazu passenden Anleitungen abgebildet sind. Schnitzt Du im Kindergarten, bei den Pfadfindern oder einer anderen Gruppe haben die Erwachsenen sich sicher etwas für Euch überlegt. Du kannst Dich auch einfach hinsetzen und drauflos schnitzen. Gerade wenn du mit dem Schnitzen beginnst, ist es nicht verkehrt, einfach erst einmal sich auszuprobieren. Was passiert, wenn man das Messer in eine bestimmte Richtung bewegt oder wenn man wenig oder viel Holz entfernt? Nehme Dir einen weichen Ast und schnitze erst einmal an der Spitze herum oder füge ein paar Kerben ein. So siehst Du, was Dir besser liegt. Tolle Werke zum Schnitzen, die auch schon bei den Anfängen dabei sind, sind beispielsweise Messer, Gabel und Löffel. Also Dinge, die Du nicht nachdem schnitzen irgendwo hinstellst, sondern die Du auch im Alltag nutzen kannst. Perlen lassen sich recht leicht schnitzen oder auch eine Schüssel. Aus den Perlen kannst Du Schmuck für Dich oder jemand anders herstellen. Eine Pfeife kannst Du, wenn Du draußen bist, immer gut gebrauchen oder eine Flöte. So kannst du unterwegs Deine eigene Musik machen. Es gibt so viele schöne Dinge, gerade auch Dinge, die Du immer wieder benutzen kannst. Wie wäre es denn mit einer schönen Figur, die Du als Geschenk für deine Eltern zum Geburtstag oder zu Weihnachten herstellen könntest? Es wird für sie kein schöneres Geschenk geben, als etwas Selbstgebasteltes von Dir.

Gibt es beim Schnitzen klare Regeln?

Zunächst einmal darfst Du niemals ohne Aufsicht eines Erwachsenen schnitzen. Je nach Alter und wie gut Du schon schnitzen kannst, sollte

Dich ein Erwachsener dabei begleiten. Er kann Dir Tipps und Hinweise geben, auch in Sachen Sicherheit. Es gilt beim Schnitzen immer, dass Du sitzen solltest, denn im Stehen können einige Unfälle passieren. Achte darauf, einen festen Platz zu haben, wie beispielsweise einen Baumstamm. Wichtig ist, dass Du immer sicher und bequem zugleich sitzt. Die Beine sind auseinander und die Füße stehen fest auf dem Boden. Zu anderen Personen wird eine Armlänge Abstand gehalten. Dazu streckst Du die Hand mit der Du gleich mit dem Schnitzen beginnst aus, ohne das Du das Messer dabei in der Hand hältst. Berührst Du dabei jemanden, so muss der Abstand vergrößert werden. Schnitze immer von Dir weg. Hast Du ein Stück Holz in der Hand, so achte darauf, dass Du beim Schnitzen, solltest Du einmal abrutschen, Dir weder ins Bein, den Bauch oder ein anderes Körperteil schneiden kannst. Deinen Oberkörper beugst Du ein wenig nach vorne, während Du schnitzt.

Gibst Du das Messer an jemanden weiter, so musst Du vorher immer das Messer schließen. Das gilt auch für die Zeiten, wo du Dein Messer nicht brauchst. Bei einem Klappmesser fasst Du mit der Hand den Griff an und klappst die Klinge zurück. Vor dem Schlitz im Messergriff haben Deine Finger nichts zu suchen. Mit einem geöffneten Messer wird nicht herumgelaufen. Dein Messer sollte eine scharfe Klinge haben. Ist es stumpf, wirst Du schnell müde beim Schnitzen, denn Du brauchst mehr Kraft in der Hand, dann ist an Spaß nicht mehr zu denken. Zudem kannst Du Dich verletzen, wenn Du mit dem Messer abrutschen solltest, weil es stumpf ist. Behalte Deine Umgebung beim Schnitzen stets im Auge, wenn jemand an Dir vorbeigeht, dann höre kurz auf mit dem Schnitzen, bis die Person nicht mehr in Deiner Nähe ist. Es werden keine lebenden Sträucher und lebenden Bäume angeritzt. Der Baum ist durch seine Rinde beispielsweise vor einer Krankheit oder der Hitze geschützt. Manche äußere Rindenschichten sind versehen mit langen und sehr feinen Kanälen, diese werden Kapillaren genannt. Sie transportieren Nährstoffe und Wasser hinauf in die Baumwipfel. Trennst Du diese Bahnen durch, wenn Du die Rinde einritzt, so stirbt der Baum.

Wie alt solltest Du sein, um mit dem Schnitzen anfangen zu können?

Schon früh solltest Du lernen, mit einem Messer umzugehen. Beginne damit Dir Dein Brot selber zu schmieren und helfe Deinen Eltern beim Gemüse und Obst schnibbeln. Es gibt kein festgelegtes Alter, um mit dem Schnitzen anfangen zu können. Die ersten Erfahrungen in der Küche kannst Du mit zwei bis drei Jahren sammeln. Ob Du für das Schnitzen alt genug bist, hängt von Deinem Entwicklungsstand ab. Dieser hat mit dem Alter nichts zu tun. Kannst Du die Verantwortung für den Umgang mit einem Messer übernehmen und es gut führen, dann kannst Du Dich am Schnitzen ausprobieren. Eine grobe Richtlinie ist das Alter von 5 Jahren. Ist die Motorik für den Umgang mit dem Messer gegeben und Du hast die nötige Aufnahmefähigkeit, steht dem Schnitzen nichts entgegen.

Im Durchschnitt bekommen Kinder ihr erstes Taschenmesser, wenn der Schulalltag beginnt, das heißt im Alter von sechs bis sieben Jahren. Schnitzen fördert Deine Kreativität, Deine Ausdauer und Konzentration. Du musst in der Lage sein zu begreifen, dass es sich bei dem Messer nicht um ein Spielzeug handelt und die scharfe Klinge gefährlich ist. In einigen Kindergärten wird der Umgang mit dem Messer ab 4 Jahren geübt. Bei den Pfadfindern wird ab 8 Jahren der Umgang mit dem Pfadfindermesser gelehrt. Kindermesser gibt es für Kinder von 3 bis 11 Jahren. Wichtig ist auch, dass Du einen festen Stand hast.

Was sind Schnitzrohlinge und sind diese für Anfänger geeignet?

Beginnst Du mit dem Schnitzen, fängst Du am besten erst mal damit an, aus einem Stockende eine Spitze zu schnitzen. Bist Du schon etwas geübter, gibt es auch sogenannte Schnitzrohlinge für Kinder. Sie bestehen aus einem weichen Holz. Es handelt sich um einen Holzrohling, der schon eine gewisse Form hat und die Du weiter ausarbeiten kannst. Da der Rohling schon grob vorgefertigt ist, was seine Form betrifft,kannst Du die Form, wie beispielsweise einen Löwen, die entstehen soll, selber bestimmen. Schnitzrohlinge aus Lindenholz haben schon alleine durch ihre Maserung und der warmen Optik ein natürliches Aussehen. Du kannst, wenn Du möchtest das fertige Objekt auch bemalen. Jede Figur die Du aus dem Schnitzrohling schnitzt ist dennoch ein Unikat und wird durch das Bemalen noch einzigartiger. Der Schnitzrohling hat bestimmte Maße, damit Du ihn gut in der Hand halten kannst, gleichzeitig aber genug Fläche an der Du arbeiten kannst.

Die vorgefertigte Form soll für Dich nur eine Hilfestellung sein. Wie auch bei Stöcken aus dem Wald, fördern sie Deine Geduld und Deine Konzentration, sowie Deine motorischen Eigenschaften. Die Schnitzrohlinge verhelfen Dir zu einem schnellen Erfolg. So bleibst Du weiterhin motiviert und gibst nicht so schnell auf, wenn es nicht so klappen sollte, wie Du es Dir wünscht. Schnitzrohlinge gibt es verschiedene zu kaufen. Diese sind unterteilt nach den Erfahrungen die Du beim Schnitzen schon sammeln konntest. Neben dem Schnitzmesser kannst Du auch mit Schleifpapier arbeiten, um die Ecken und Kanten der Figur abzurunden und zu glätten. Weitere Werkzeuge sind eine Feile und eine Raspel. Mit Schnitzrohlingen fällt es Dir leichter das Gefühl dafür zu kriegen eine Form zu fertigen. Schnitzrohlinge gibt es in vielen Formen. Es gibt Tiere, Sterne, Herzen, Wolken. Löffel, Nummern, Buchstaben, Zeichen und viele mehr. Probiere einfach mal aus, welches Dir am ehesten zusagt und fange einfach an. So kannst Du Dir eine richtige Kollektion schnitzen.

Anleitung, wie du Dein erstes Meisterwerk schnitzen kannst

Am besten fängst Du erst einmal mit etwas Leichtem an, wenn Du schnitzen lernen möchtest, damit Du Dich an den Umgang mit dem Messer und dem Holz gewöhnen kannst. Nimm Dir einen Ast aus weichem Holz, wie Grünholz oder Weide, denn das lässt sich leichter schnitzen. Denke daran, wenn Du schnitzt, dann immer in Richtung der Maserung, so brauchst Du weniger Kraft. Versuche einfach erst einmal einen Stock anzuspitzen. Damit lernst Du den Umgang mit dem Messer und dem Holz. Du bekommst ein Gefühl dafür, wie das Holz gehalten werden muss und wie Du das Messer beim Schnitzen führst. Klappt das gut, dann kannst Du Dich an ein neues Projekt heranwagen. Du kannst versuchen, ein Holztierchen zu schnitzen oder ein anderes Projekt, welches Dich interessiert in Angriff nehmen, auch ein Pilz ist beispielsweise recht einfach zu schnitzen.

Versuchen kannst Du Dich auch an einem Wanderstock, der lässt sich einfach schnitzen und Du erschaffst etwas Einzigartiges. Am Anfang versuche Dich an Formen, die nicht so viele Details haben. Bist Du viel draußen und liebst es zu campen, dann wäre doch ein Besteck aus Holz ideal. Bei der Gabel kürzt du den Stock auf 1,5 cm. Befreie den Stock von den Astaugen. Die Enden der gegenüberliegenden Seite schnitzt Du zu einer schraubendreher artigen Spitze. Spalte diese anschließend ausgehend von der Basis. Für ein Messer schneidest Du das Holz auf die passende Länge. Circa auf einem Drittel der Länge sowie den beiden Seiten, sägst Du es ein. So weit bis die Klingenstärke, die Du haben möchtest erreicht ist. Das Holz, was zu viel ist schnitzt Du einfach weg. Für einen Löffel brauchst Du einen dicken Stock, kürze ihn auf die passende Länge.

Da du die Kelle haben möchtest, musst du das Holz an zwei Seiten zu einem Drittel einritzen, dann spaltest Du es von oben. So entsteht ein schmaler Keil. Diesen schnitzt Du zu einer Kelle.

Du kannst auch eine Fackel schnitzen. Nimm Dir einen 30 cm langen Ast und entferne die Seitenzweige. Schneide davon ein 10 cm langes Stück heraus und lege es zur Seite. Das größere Stück befreist Du oben von der Rinde. Dann ritzt Du den Ast 6 cm von oben kreuzförmig ein. Nun geht es weiter mit dem kleineren Ast. Schäle die Rinde ab und schneide ihn in längliche Viertel. Zwei von diesen steckst Du in den kreuzförmigen Schnitt vom großen Ast. Forme aus einem Stück Taschentuch ein Knäuel. Tränke es in Baumharz bzw. schmiere es damit ein. Schon ist Deine Fackel fertig. Das war doch gar nicht schwierig, oder? Ich bin mir sicher, Du hast ein Meisterwerk hinbekommen.

Wie groß ist die Verletzungsgefahr?

Dir muss klar sein, dass ein Messer scharf ist und Du Dich und andere damit verletzen kannst, wenn Du jedoch die Regeln beachtest, die beim Schnitzen wichtig sind, dann ist die Gefahr, dass Du Dich verletzt gering. Mit einem Schnitzhandschuh bist Du noch besser geschützt. Das Messer sollte ein Kindermesser sein, damit es gut in Deine Hand passt. Die Spitze sollte abgerundet sein, die Klinge aber scharf, denn mit einer scharfen Klinge musst Du weniger Kraft beim Schnitzen aufbringen. Bei einer stumpfen Klinge noch mehr. Durch die Kraft, die Du aufwenden musst, kannst Du mit einer stumpfen Klinge leichter abrutschen. Kleine Verletzungen können immer passieren, aber je vorsichtiger Du bist, je langsamer Du die Bewegungen ausführst und je konzentrierter Du arbeitest, desto weniger wirst Du Dich verletzen. Solltest Du Dich dennoch einmal verletzen, dann gib nicht direkt auf, denn Du weißt ja, das Übung den Meister macht. Die ganzen Profis, die was von ihrem Handwerk verstehen, die verletzen sich auch heute noch ab und an, wenn sie an einem Modell arbeiten. Bei einem Kindermesser sind der Griff und die Klinge kleiner, was ein großer Vorteil ist, denn die Verletzungsgefahr wird so um einiges minimiert.

Es wäre gut, wenn du vor dem Kauf des Messers den Griff einmal testest. Wichtig ist auch die richtige Pflege, nur so bleibt das Messer funktionsfähig und scharf. Reinige es nach jedem Gebrauch sehr gründlich und verstaue es ordentlich. Nur so hast Du es immer direkt zur Hand und es ist immer genau dann einsatzbereit, wenn Du es verwenden möchtest. Verletzen kannst Du Dich auch, wenn Du auf einen Baum kletterst, beim Rad fahren oder beim Schwimmen. Die Verletzungsgefahr ist da nicht geringer. Also lasse Dich davon nicht abhalten. Sollten Deine Eltern Bedenken haben, zeige ihnen das Du mit dem Messer verantwortungsvoll umgehen kannst und das Du weißt, dass man mit dem Messer Menschen verletzen kann und Du es bis zu einem gewissen Alter nur benutzt, wenn eine erwachsene Begleitung dabei ist. Bist Du noch unsicher, dann wickele um den Zeigefinger der Hand, mit der das Stück Holz gehalten wird ein Pflaster. Lasse das Messer beim Schnitzen keinesfalls aus den Augen.

Was kannst Du beim Schnitzen lernen?

Wer schnitzt, macht eine wunderbare Erfahrung, was mit den Händen alles möglich ist. Es hat eine befreiende und beglückende Wirkung. Arbeitest Du mit den Händen, ehrt Dich das. Du bist im Hier und Jetzt. Du bist dem was Du machst, ganz bewusst und sehr achtsam. Du lenkst Deine Aufmerksamkeit auf eine Tätigkeit und lässt Dich nicht ablenken, damit förderst Du Deine Konzentration. Zudem übst Du damit Achtsamkeit. Du erfährst, dass andere, unter anderem auch die Erwachsenen, Dir Vertrauen entgegenbringen. Das motiviert dich zusätzlich und so wird Dein Selbstvertrauen in Dich selbst gestärkt und in das, was Du machst. Es ist für Dich eine wichtige Erfahrung, Dir etwas zuzutrauen und zu sehen, wie es Dir gelingt. Du glaubst an Dich selbst. Für die Grobmotorik und die Feinmotorik ist Schnitzen ideal. Zudem wird auch Deine Geschicklichkeit gefördert. Es regt Deine Kreativität und Deine Fantasie an.

Du schnitzt mit dem was Du schnitzt ein echtes Unikat, auf das Du stolz sein kannst. Hattest Du bis jetzt Schwierigkeit, eine Tätigkeit länger durchzuhalten, dann kann Dir Schnitzen dabei helfen, längere Zeit an der Arbeit dranzubleiben. Du wirst sehen, die Zeit vergeht wie im Flug. Ruckzuck sind zwei Stunden um. Du merkst, wie Dein Selbst-Bewusstsein steigt, wenn Du in einer Gruppe mit anderen schnitzt und dies fördert zusätzlich Deinen Gemeinschaftssinn sowie das Zusammengehörigkeitsgefühl. Auch für die soziale Kompetenz ist das Schnitzen in der Gruppe wichtig. Zudem erlangst Du die Kompetenz des Umgangs mit Gegenständen, die gefährlich sind. Es stärkt Deine Ausdauer und Du wirst immer sicherer mit Deinen Händen. Der Ehrgeiz wird angespornt, wenn Du siehst, was die anderen Schnitzen. Zudem, wenn Du einmal mit dem Schnitzen angefangen hast, möchtest Du gar nicht mehr aufhören. Toll ist auch, dass Du mit der Natur in Berührung kommst und mit Dingen, die in der Natur vorkommen. Du kommst zur Ruhe und legst den Stress ab. Du wirst Dich ganz anders fühlen als beim PC Spielen oder Fernsehen.

Welches Holz ist am besten für Anfänger geeignet?

Am Anfang solltest Du kurzfaserige Holzsorten zum Schnitzen wählen. Die Rinde sollte sich leicht ablösen lassen. Das Holz sollte möglichst nicht frisch geschnitten sein, umso weniger Kraft musst du aufwenden. Zu diesen Holzarten gehören die Pappel, die Linde, die Eiche, die Birke und verschiedene Obsthölzer. Besonders weich ist das frische Grünholz der Haselnuss. Das kannst Du am leichtesten bearbeiten. Nimm am besten zu Anfang kleine Stöcke und Äste, deren Durchmesser 1-2 Zentimeter betragen. Lindenholz ist ein sehr weiches, kurzfaseriges Holz, zudem ist es beständig und elastisch, da ist es auch nicht schwer, kleinste Details auszuarbeiten. In den Bereich Weichholz fallen die Baumarten Linde, Pappel und Graunuss.

Für das Schnitzen mit der Hand ist Lindenholz am besten geeignet. Lindenholz ist ein weiches Holz. Die Maserung ist gering und fein, um Details zu schnitzen, eignet es sich daher auch hervorragend. Es ist hell und hat teilweise braune Stellen. Es gibt die amerikanische Linde und die europäische Linde. Das Holz der europäischen Linde ist ein wenig härter, auch das Pappelholz ist ein weiches Holz. Besonders gut lässt sich die Borke schließen. Dabei musst Du allerdings auch besonders vorsichtig sein.

Passt Du nicht genug auf, so kann das Holz schnell brechen oder splittern. Die Graunuss gibt es nur selten in unseren Regionen. Das Holz hat eine helle Farbe und ist für Handarbeiten ebenfalls sehr gut geeignet, da es sehr weich ist.

Wie kann man schnitzen nach Farben?

Schnitzen nach Farben ist eine besondere Art des Schnitzens. Du schnitzt dreidimensional. Die vorgefertigten Holzstücke kannst Du kaufen. Beim Abtragen der Farbe kommt immer mehr die Form, die sich später ergeben soll, zum Vorschein. Durch die Farben wird überall angezeigt, wie weit es noch ist, bis Du Dein Ziel erreicht hast, Du musst Deine Arbeitsweise dementsprechend anpassen. Ist der Abstand zur fertigen Form noch groß, kannst Du zügig arbeiten und grobe Werkzeuge verwenden. Je geringer der Abstand zur fertigen Form wird, je vorsichtiger musst Du arbeiten und je feiner muss das Werkzeug sein, der Schwierigkeitsgrad und der Detailgrad nehmen bei jeder neuen Farbschicht die Du freilegst zu. So entsteht nach und nach aus den erst groben Konturen immer mehr die Figur und Du kannst es Schritt für Schritt miterleben. Nur langsam wird die Arbeit immer schwerer. So kommt jeder zum Ziel.

Fehlt Dir das räumliche Vorstellungsvermögen und Du möchtest dennoch gerne dreidimensionale Figuren schnitzen, dann ist Schnitzen nach Farben genau das Richtige für Dich. Damit bekommt jeder eine wunderschöne Skulptur gefertigt oder ein Reliefbild. Nach Malen nach Zahlen kommt jetzt Schnitzen nach Farben. Das Produkt wird hergestellt aus Kartoffelstärke und Pflanzenöl. Veredelt werden sie mit viel Handarbeit sowie Lebensmittelfarbe. Wie auch das Schnitzen mit Holz wird beim Schnitzen nach Farben die Konzentration gestärkt und auch die räumliche und visuelle Wahrnehmung erweitert.

Welche Schnitzwerkzeuge benötigt man zu dem Messer?

Zum Schnitzmesser oder Taschenmesser gibt es noch weitere Werkzeuge, die Dir beim Schnitzen nützlich sind. Damit Du perfekt arbeiten kannst, brauchst Du noch einen Kastanienbohrer, einen Schleifstein oder Schleifpapier. Kastanienbohrer gibt es wie Schnitzmesser und Taschenmesser auch extra für Kinder.

Kastanienbohrer:
Der Kastanienbohrer ist perfekt für das Arbeiten mit weichem Holz und der Arbeit mit Kastanien. Indem Du mit Deiner Hand auf den oberen Bügel drückst, drückt sich die Spitze leicht in die Kastanie oder das Holz hinein. Der Bohrer kann Dir nicht so schnell wegrutschen. Dann drehst Du den Bohrer mit der Hand und das Loch wird gebohrt. In sämtliches weiches Holz oder Kastanien bohrt der Kastanienbohrer und die Späne werden nach außen befördert. Strom brauchst Du dazu nicht.

Schleifstein:
Mit dem Schleifstein kannst Du, sobald die Klinge des Messers beginnt stumpf zu werden, die Klinge wieder schärfen. Außerdem kannst Du nachdem Schnitzen die Form, die Du geschnitzt hast, noch nacharbeiten. Es gibt Schleifsteine in verschiedenen Körnungen. Mit

der groben Körnung trägst Du einiges des Materials ab. Damit schleifst Du die Klinge vor. Der Abziehstein gibt der Schneide den Feinschliff.

Schleifpapier:
Mit dem Schleifpapier glättest Du die Oberfläche vom Holz und säuberst sie. Durch Schnitzen und Sägen entstehen Splitter. Diese solltest Du dann, damit Du weiter am Holz arbeiten kannst entfernen. Zudem kannst Du damit Ecken und Kanten abrunden und Sägesplitter entfernen. Indem Du das Schleifpapier doppelt faltest, kannst Du zudem sehr gut Kanten schleifen. Möchtest Du Flächen schleifen, dann wickele das Schleifpapier um einen Schleifklotz herum, dieser besteht aus Kork. Du darfst nicht mit zu viel Druck schleifen. Besser ist ein wenig Ausdauer und wenn Du leichte Bewegungen machst entlang der Maserung wirst Du tolle Objekte zaubern, die sauber verarbeitet sind.

Ist eigenes Schärfwerkzeug unverzichtbar?

Nicht unbedingt brauchst Du Dein eigenes Schärfwerkzeug. Doch je mehr Du schnitzt, je schneller reibt sich die Klinge ab. Umso öfter musst Du sie nachschleifen. Besitzt Du dann Dein eigenes Schärfwerkzeug, ist es einfacher, als wenn Du immer jemanden fragen musst, ob er Dir seins leiht. Hin und wieder die Klinge nachzuschärfen reicht nicht aus, damit Dein Messer immer optimal geschärft ist. Die Klinge sieht dann nicht so schön aus und es ist schwieriger und mit mehr Kraft verbunden, die Klinge zu schärfen, als wenn Du es regelmäßig machst. Möchtest Du lange Freude an Deinem Messer haben und es lange nutzen können, dann solltest Du eigenes Schärfwerkzeug besitzen. Mit einer scharfen Klinge sieht das, was Du geschnitzt hast, am Ende ansehnlicher und hochwertiger aus. Du solltest das Schärfwerkzeug immer beim Schnitzen griffbereit haben.

Jeder Schnitt macht die Klinge etwas stumpfer. Da kannst Du Dir denken, wie schnell beim Schnitzen die Klinge stumpf wird. Das Holz zeigt Dir, wann Du Deine Klinge schärfen solltest. Ist die Stelle, die Du gerade geschnitzt hast, nach dem letzten Schnitzer weißlich, dann solltest Du die Klinge wieder schleifen. Siehst Du kleine Rillen oder Riefen oder sieht die Schnittstelle rissig aus oder das Holz bricht beim Schnitzen, gilt ebenfalls die Klinge zu schärfen. Eines der einfachsten Anzeichen ist, wenn Du mehr Kraft beim Schnitzen aufbringen musst.

Was kannst Du mit Deinen geschnitztes Werken machen?

Es gibt Dinge, die Du in Deinem Alltag nutzen kannst, die Du als Dekoration aufstellen kannst, die Du zudem am Körper tragen kannst und mit denen Du spielen kannst. Hast Du beispielsweise ein Besteck geschnitzt, dann ist es doch toll, dass auch draußen zu nutzen, wenn Du im Freien isst. Leben im Freien wie die Indianer. Fertig geschnitzte Figuren machen sich sehr gut auf der Fensterbank oder Deinem Regal. Setze sie so richtig in Szene, sodass auch alle sehen können, was Du erschaffen hast. Du kannst beispielsweise auch Zahlen oder Buchstaben an deine Kinderzimmertür hängen oder direkt Deinen ganzen Namen. Wie wäre es mit einem Mobile an der Decke? Kleine, selbst geschnitzte Perlen kannst Du auf eine Schnur auffädeln und als Kette oder Armband tragen. Auch Spielsachen kannst Du Dir selber schnitzen, zum Beispiel ein Blasrohr oder Pfeil und Bogen. Ein Floss, dass Du auf dem Fluss treiben lassen kannst, ist auch eine schöne Idee. Ansprechend ist zudem auch eine Fackel, wenn ihr zum Beispiel in einer Gruppe unterwegs seid und es dunkel, dann könnt Ihr um das Lagerfeuer die Fackeln aufstellen und auf den selbst geschnitzten Spießen beispielsweise Stockbrot auflegen oder Marshmallows rösten. Was für ein Spaß, den Du hier mit Deinen Freunden und Deiner Familie haben kannst.

Fehler, die du beim Schnitzen vermeiden solltest

Das Messer ist kein Spielzeug. Es ist scharf und Du kannst damit Dich und andere Menschen verletzen. Damit es dazu nicht kommt, musst Du ein paar Dinge beachten. Zunächst einmal solltest Du gerade, wenn Du mit dem Schnitzen beginnst, es immer im Beisein eines Erwachsenen machen. Das gilt auch bis zu einem gewissen Alter und einer gewissen Erfahrung, die Du beim Schnitzen erst sammeln musst. Dein Messer darfst Du nur an dem Platz öffnen, an dem Du schnitzen möchtest. Verlässt Du diesen, wird das Messer zuerst geschlossen bzw. eingeklappt. Ihr haltet untereinander einen gewissen Abstand zueinander. Falls Du einmal mit dem Messer abrutschen solltest, kannst Du niemanden verletzen. Du musst immer auch Deine Umgebung im Auge behalten. Sollte jemand nahe an Deinem Schnittplatz vorbeigehen, unterbreche das Schnitzen kurz.

Du schnitzt immer von Deinem Körper weg. Beim Schnitzen sitzt Du fest auf einem Platz. Deine Beine stellst Du breit nebeneinander auf und Deine Füße stehen fest auf dem Boden. Beuge Deinen Oberkörper etwas nach vorne. Gibst Du das Messer jemand anderem, klappst Du zunächst die Klinge ein und übergibst es so, dass der andere es am Griff fassen kann. Hältst Du diese Regeln ein, dann kann im Grunde genommen nichts passieren. Sollte es doch einmal zu einer Verletzung kommen, ärgere Dich nicht. Das ist normal und gehört irgendwie beim Schnitzen dazu. Es wird jedoch mit der Zeit und der Erfahrung, die Du sammeln wirst, besser werden.

Endbehandlung und Bemalung

Bist Du mit dem Schnitzen so weit fertig, kannst Du das, was du geschnitzt hast, noch weiter verfeinern. Du kannst es zum Beispiel noch mit Schleifpapier behandeln, um die Ecken und Kanten zu verfeinern und Unebenheiten zu entfernen. Je nachdem, was Du geschnitzt hast, kannst Du ein Loch hinein machen und eine Kordel hindurchziehen und schon kannst Du es aufhängen. Du kannst auch in die fertige Form noch Verzierungen einarbeiten. Hierzu ist ein Messer perfekt geeignet. Eine weitere Variante ist, das Werk anschließend noch zu bemalen. Du kannst aber auch Perlen oder andere Dinge aufkleben. Mit einem sogenannten Brandkolben lässt sich auch etwas in Dein Meisterwerk einritzen, eventuell Dein Name, sodass jeder weiß, von welchem Künstler das Objekt stammt. Packe es in Geschenkpapier und verschenke es an jemanden, dem Du gerne eine Freude machen möchtest. Möchtest Du Dein Meisterwerk nicht mit Farbe anmalen, aber das Holz dennoch angemessen schützen, dann reibe es mit einem Pflegeöl ein. So bekommt es noch eine intensivere Holzfarbe und sieht gleich viel edler aus. Zudem ist es besser geschützt vor Witterungsverhältnissen.

Fragen und Antworten (FAQ)

Welches Messer ist für Kinder im Alter von 8 – 12 Jahren geeignet?

Im Alter von 5 - 7 Jahren kannst Du mit einem Schnitzmesser anfangen zu schnitzen. Es sollte aber noch kein Klappmesser sein. Nutze am besten für diese Tätigkeit ein Schnitzmesser, dass Du, wenn Du es nicht brauchst, in ein Etui stecken kannst. Es gibt verschiedene Firmen, die Schnitzmesser für Kinder herstellen. Ab einem Alter von 8 Jahren kannst Du dann das Schnitzen mit einem Taschenmesser üben. Beim Taschenmesser hast Du nicht nur ein Messer, sondern auch weitere Werkzeuge. Große Hersteller von Schweizer Taschenmessern haben auch Schweizer Taschenmesser für Kinder im Programm. Sie haben abgerundete Klingen. Zudem gibt es weitere Werkzeuge wie eine Lupe oder eine Holzsäge. Viele von den Taschenmessern haben zu Deinem Schutz noch eine Sicherheitsblockierung. So kann die Klinge nicht ohne das Du es möchtest einklappen.

Sind Vorkenntnisse erforderlich?

Du solltest schon bevor Du mit dem Schnitzen beginnst wissen, wie Du mit dem Messer umgehen musst. Gut wäre, wenn Du schon ab dem Alter von 2 Jahren versuchst, Dir Dein Brot selber zu schmieren und Du bereits Gemüse und Obst schnippeln lernst. Du solltest schon ein Messer fest in der Hand halten und es führen können. Ab 5 – 6 Jahren solltest Du in der Lage sein, von der Motorik her mit einem Messer gut umgehen zu können. Du musst Dir darüber klar sein, das Messer kein Spielzeug sind und Du Dich sowie andere damit verletzen kannst. Eine gewisse Fingerfertigkeit sollte bevor Du lernst mit dem Schnitzmesser zu schnitzen gegeben sein. Du solltest sowohl das Messer als auch das Schneidgut bzw. Schnitzgut in der Hand halten können.

Welche Grundausstattung benötigst Du?

Je nach Alter, in dem Du mit dem Schnitzen beginnst, kannst Du mit einem Schnitzmesser oder einem Taschenmesser erste Übungen versuchen umzusetzen. Möchtest Du, was Verletzungen angeht, noch mehr auf Sicherheit setzen, kannst Du zum Schnitzen einen Schnitzschutz-Handschuh verwenden. Zur weiteren Grundausstattung lege Dir Schleifpapier, einen Handbohrer und einen Schleifstein zu. Mit dem Schleifpapier kannst Du Dein Werk noch besser ausgestalten. Du kannst die Ecken und Kanten abrunden und Unebenheiten glätten. Der Handbohrer ist ideal, um ein Loch in das Holz zu bohren, sodass Du, wenn Du eine Schnur durchziehst, dein Schnitzwerk aufhängen kannst. Der Schleifstein ist zunächst einmal für Deine Eltern gedacht. Die Klinge wird bei jedem Schnitzen stumpfer, sodass Du schnell die Klinge nachschleifen musst. Das sollten Deine Eltern erst einmal für Dich übernehmen. Eine scharfe Klinge ist sehr wichtig, um richtig schnitzen zu können.

Solltest Du unbedingt einen Schnitzkurs besuchen, bevor Du mit dem Schnitzen anfangen kannst?

Einen Schnitzkurs musst Du nicht unbedingt besuchen, um Schnitzen zu lernen. Wichtig ist eine erwachsene Begleitperson an Deiner Seite, die sich damit auskennt und darauf achtet, dass Du die Regeln befolgst, die beim Schnitzen gelten. Der Schnitzkurs könnte Druck aufbauen, der nicht nötig ist. Zudem gibt es Kinder, die lieber für sich alleine sind und Schwierigkeiten haben, in einer Gruppe mitzuhalten, zum Beispiel, wenn sie sehr schüchtern sind. Bei einem Schnitzkurs ist die

Begleitperson auch nicht für Dich alleine zuständig, sondern muss mehrere Kinder beim Schnitzen beaufsichtigen. Hast Du Probleme Dich zu konzentrieren, wäre es vielleicht besser, wenn Du erst einmal mit der Begleitperson alleine das Schnitzen übst.

Welches Holz eignet sich zum Schnitzen am besten?

Das Grünholz von der Weide oder der Haselnuss eignet sich hervorragend, wenn Du mit dem Schnitzen beginnst. Grünholz ist frisches Holz, dass noch sehr weich ist und sich deshalb am besten bearbeiten lässt. Zu den weichen Holzarten gehört zum Beispiel das Holz der Linde. Es ist weich und kurzfaserig. Zudem ist es beständig und elastisch. Das Lindenholz hat kaum Äste. Es lässt sich sehr gut bearbeiten. Es zeichnet durch eine gute Oberflächenbehandlung aus. Ahorn ist ein mäßig hartes Holz. Es ist zäh sowie elastisch. Wie auch das Lindenholz lässt es sich bearbeiten und die Oberflächenbehandlung ist gut. Eine weitere Holzart ist die Zirbelkiefer. Es ist ein leichtes Holz und ebenfalls weich. Daher kannst Du es leicht bearbeiten. Sehr weich ist das Holz der Pappel. Es ist zudem leicht porös und schwindet nur wenig. Es ist sehr leicht zu bearbeiten.

Welche Motive sind am besten für Anfänger geeignet?

Am Anfang solltest Du erst einmal versuchen, bei einem Ast aus dem Ende eine Spitze zu schnitzen. Du bekommst so erst einmal ein Gefühl dafür, das Holz festzuhalten und mit dem Messer richtig beim Schnitzen umzugehen. Du lernst, wie viel Druck Du auf das Messer ausüben musst und wie Du es am besten hältst. Hast Du ein Gefühl für das Messer bekommen, dann versuche Dich doch mal an Pfeil und Bogen. Hierbei geht es unter anderem ums Schnitzen der Spitze für den Pfeil und zum anderen darum, Kerben in das Holz zu ritzen, der später als Bogen dient. Mache Dir auf der nächsten Stufe doch ein Essbesteck für draußen selber, bestehend aus Messer, Gabel und Löffel. Für den Spielfaktor kannst Du Dich danach an einem kleinen Floß üben, dass Du auf dem Wasser treiben lassen kannst. Recht leicht zu schnitzen ist beispielsweise auch ein Blasrohr. Anschließend versuche Dich doch mal an einer Figur. Wie wäre es zum Beispiel mit einem Pilz?

Wie erreichst Du eine glatte Oberfläche?

Bist Du mit dem Schnitzen fertig, kannst Du Dein Werk noch verfeinern, indem Du Unebenheiten beseitigst und Ecken und Kanten abrundest. Dafür kannst Du das Schmirgelpapier oder Schleifpapier nutzen. Dies gibt es in verschiedenen Körnungen. Beginne mit einer groben Körnung von 80 oder 120. Damit entfernst Du alle Abrisse und Unebenheiten. Anschließend nimmst Du Schleifpapier mit einer feineren Körnung, um damit die Oberfläche zu glätten. Die Körnung reicht bis 320. Du wirst staunen, wie anders sich dein Werk nachdem abschmirgeln und glätten anfühlt. So kannst Du Dich auch nicht an unebenen Stellen oder Holzsplittern verletzen. Zudem sieht Dein Meisterwerk viel filigraner und akkurater aus, wenn es glatt ist und die Ecken und Kanten abgerundet wurden. Mit dieser Arbeit verleihst Du Deinem Kunstwerk den letzten Schliff. Anschließend kannst Du es noch mit Öl einreiben oder auch bemalen, auch das geht beides viel leichter, wenn Du das Holz mit Schmirgelpapier bearbeitet hast.

Wie oft solltest Du Dein Werkzeug von Mama oder Papa schärfen lassen?

Jedes Mal, wenn Du ein Stückchen vom Holz ab schnitzt, wird Dein Messer etwas stumpfer. Die Klinge beginnt also recht bald stumpf zu werden. Richtig gut schnitzen, ohne unnötig viel Kraft aufzuwenden kannst du aber nur, wenn die Klinge scharf ist. Pauschal lässt sich nicht sagen, wie oft Deine Eltern das Schnitzmesser schärfen müssen. Es hängt natürlich auch davon ab, wie oft und wie lange Du schnitzt. Es gibt ein paar Anzeichen, woran Du erkennen kannst, dass die Klinge geschliffen werden muss. Merkst Du, dass Du bei der gleichen Holzart mehr Kraft zum Schnitzen brauchst als sonst, so ist das ein Anzeichen dafür, dass dein Messer nicht mehr scharf genug ist. Bei einem scharfen Messer sollte die Klinge in das Holz eindringen wie ein Messer durch Butter. Ist das Schnittbild sauber und die Oberfläche glänzt, ist es noch nicht nötig, das Messer zu schärfen.

Findest Du passendes Holz im Wald?

Im Wald findet sich passendes Holz. Doch nicht alles Holz darf aus dem Wald mitgenommen werden. Was Du aus dem Wald mitnehmen darfst, ist Leseholz. Dieses Holz ist von alleine vom Baum abgefallen. Es ist Holz, dass abgefault, morsch und dünn ist. Es dient nicht dem Verkauf. Zum Leseholz gehören auch die Rinde und die Zapfen. Liegt das Holz jedoch in einem Privatwald, darfst Du es dennoch nicht mitnehmen. Es gibt jedoch auch Staatswälder. Ist das Sammeln von Leseholz erlaubt, dann nur aus den sogenannten Staatswäldern. Jedes Bundesland hat da seine eigenen Gesetze. Frage einfach Deine Eltern, die können sich dann erkundigen. Bist Du zum Beispiel mit einer Kindergartengruppe oder den Pfadfindern unterwegs, dann wissen die Begleitpersonen, ob in dem bestimmten Waldstück das Leseholz gesammelt werden darf.

Tipps und Tricks für Anfänger

Wer das Schnitzen gerade erst als Hobby für sich entdeckt hat, der weiß manchmal noch nicht so richtig, was er eigentlich schnitzen könnte. Es gibt fast unendlich viele Möglichkeiten, doch zu Anfang solltest Du Dich eher mit einfachen Dingen beschäftigen und später erst an die echten Herausforderungen heranwagen. Einen Kleiderbügel oder Holzlöffel hast Du schnell gefertigt und wirst sicherlich von dem Ergebnis mehr als zufrieden sein. Eine solche Schnitzarbeit eignet sich auch perfekt für die ersten Übungen mit dem Schnitzmesser.

Hast Du Dein ersten Projekt erfolgreich durchgeführt, so kannst Du Dich an die etwas schwierigeren Holzarbeiten heranwagen. Wie wäre es mit einem Teddy, einem Pinguin oder einem Dackel. Es hört sich schwerer an, als es eigentlich ist. Schwieriger wird es, wenn Du Figuren schnitzen möchtest, wo Feinarbeit besonders groß geschrieben wird. Krippenfiguren zählen beispielsweise zu solchen Holzarbeiten. Diese können eine echte Herausforderung sein und für Anfänger nicht zu empfehlen. Die folgenden Schritt für Schritt Anleitungen sollen Dir einen ersten Einblick geben in die Welt der Schnitzereien und Du kannst sehen, was alles möglich ist.

Schritt für Schritt Anleitung Holzlöffel schnitzen

Schritt 1:

Das Wichtigste an der Schnitzerei ist, dass Du das richtige Holz aussuchst. Es gibt viele verschiedene Holzarten. Ideal zum Schnitzen eines Löffels sind weiche Hölzer, wie zum Beispiel Lindenholz, Weide oder auch Birkenholz. So ist das Schnitzen für Dich leichter. Die Anleitung ist auf das Schnitzen mit Birkenholz ausgelegt.

Schritt 2:

Nun muss das Holz gehackt werden. Das sollte am besten ein Erwachsener für Dich machen. Eine Schutzbrille aufsetzen und mit einer Axt das Holz exakt in der Mitte teilen. Dazu wird die Axt mittig in die Oberseite des Holzstückes eingetrieben und sanft auf den Holzblock darunter geschlagen. Ist das erledigt, kann es auch schon weitergehen.

Schritt 3:

Wenn das Holz gespalten ist, muss die Fläche gereinigt werden. Auch das wird mit der Axt erledigt. Zudem wird der dunkle Kern entfernt. Das Holz wird vorsichtig mit der Axt abgespalten. Das geht so lange bis in der Mitte keine dunkle Linie mehr zu sehen ist.

Schritt 4:

Nun wird die Rinde entfernt und das Holz gesäubert. Da das am besten mit der Axt geht, lässt du auch das am besten von Deinen Eltern machen. Dazu die Axt wieder mittig ansetzen und nach unten hacken. Die Axt wird dabei nach unten geschwenkt. So löst sich die Rinde leichter. Die restliche Rinde kannst Du dann mit deinem Schnitzmesser vom Holz entfernen. Die Basis für Deinen Löffel ist geschaffen.

Schritt 5:

Die Enden werden nun abgerundet, so weißt Du welches Stück vom Holz das Stück ist, aus dem Du den Löffel fertigst. Das Abrunden der Enden überlasse wieder Deinen Eltern. Die Axt wird mit der einen Hand nahe am Kopf gehalten. Die andere Hand hält das Holz und wird langsam gedreht. Mit der Axt werden langsame und hackende Bewegungen Richtung den Enden gemacht.

Schritt 6:

Nun kommt Dein Einsatz. Du schälst mit dem Schnitzmesser das Ende, wie Du einen Apfel schälst. Dein Daumen gilt als Hebel, das macht die Arbeit leichter. Schaue, dass das Messer immer von Dir weg zeigt. Klingt doch einfach, oder? Durch das Schnitzen legst Du die Maserung des Holzes frei. Du kannst nun schon erkennen, wie Dein Löffel einmal aussehen wird, wenn Du ihn dann fertig geschnitzt hast.

Schritt 7:

Mit einem Bleistift zeichnest Du an einem Holzende einen Kreis. Rund einen Zentimeter solltest du um den Umfang herum freilassen. Möchtest Du einen doppelendigen Löffel schnitzen, mache das Gleiche auch am anderen Holzende. Zwischen den beiden Enden zeichnest Du dann den Teil ein, der später der Griff werden soll. Mache den Griff an der Stelle, wo sich die Kreise berühren ein wenig breiter.

Schritt 8:

Für die Sicherheitsmarkierung zeichnest Du horizontale Linien unter die Kreise. Ziehe Dir den Schnitzschutz-Handschuh über und schneide das Holz so weit mit der Handsäge ein, bis Du die Linien erreicht hast. Mit dem Einschnitt verhinderst Du, dass der Löffel bricht, wenn die Axt benutzt wird. Nun kommen Deine Eltern wieder ins Spiel. Die restlichen Teile, die noch zwischen den Linien vorhanden sind, müssen entfernt werden. Du kannst mit dem Schnitzmesser das Holz säubern. Mache das solange, bis keine Graten oder Zacken mehr zu sehen sind. Die Hälfte ist schon geschafft.

Schritt 9:

Nun beginnst Du den Löffel auszuarbeiten. Halte den Löffel am Griff fest und nimm Dir ein Aushöhlmesser zur Hand. Damit kannst Du beide Kreise aushöhlen. Mache das sehr langsam und taste Dich mit den Fingern langsam vor, bis jede Aushöhlung nur noch einen halben Zentimeter beträgt. Der Boden darf nicht zu dünn sein, darauf musst Du unbedingt achten.

Schritt 10:

Nimm das Schnitzmesser erneut in Deine Hand. Dein Daumen wird wieder der Hebel sein, um extrem kleine Holzschichten abzutragen. Achte darauf, dass wenn Du die Vorderseite und die Rückseite formst, dass Du den Griff so gerade und glatt wie es Dir möglich ist, fertigst. Schnitzt Du einen doppelseitigen Löffel, denke daran, dass das eine Ende größer sein sollte als das andere.

Schritt 11:

Nun muss der Löffel nur noch trocknen. Er lässt sich dann besser schleifen. Leg ihn dazu in eine Plastiktüte zusammen mit trockenen, kleinen Holzspänen. Lasse die Tüte bei Raumtemperatur offen liegen, so kann das Holz die Feuchtigkeit abgeben. Drehe den Löffel gelegentlich im Beutel. Nach rund 3 bis 5 Tagen ist er auf natürliche Art und Weise getrocknet.

Schritt 12:

Du kannst dann das Holz weiter schnitzen mit dem Fräsmesser. Mache das solange, bis Du eine ganz glatte Aushöhlung hast. Du darfst auf das weiche Holz keinen Druck ausüben. Das Werkzeug, sowie das Zubehör machen die Arbeit für Dich. Denke nur immer daran ordentlich zu arbeiten.

Schritt 13:

Der Löffel ist nun glatt. Du kannst ihn nun noch ein bisschen ausarbeiten und mit nicht mehr ganz so grobem Schleifpapier in Form bringen. Lasse Dir hierfür ausreichend Zeit, sodass Dein Löffel genau die Optik erhält, die Du Dir wünscht.

Schritt 14:

Eine gute Idee ist es den Löffel zu ölen. So glänzt nicht nur seine Oberfläche, auch das Holz wird geschützt. Zudem kommen die Maserungen, das Muster, sowie die Farben besser zur Geltung. Du kannst jedes Öl, dass Lebensmittelqualität hat verwenden. Es eignet sich Walnussöl, Leinöl oder auch reines Holzöl. Olivenöl solltest du nicht nehmen. Es klebt und zieht den Schmutz an. Nun ist der Löffel fertig.

Schritt für Schritt Anleitung Teddy schnitzen

Schritt 1: Motiv aussuchen

Balsahholz ist perfekt um daraus kreative Sachen zu machen. Mache Dir vorab eine Zeichnung dazu. Im Internet gibt es sehr schöne Vorlagen, die Du verwenden kannst. Lege das Bild auf das Stück Holz und male die Umrisse nach. Schneide die Umrisse mit einer feinen Säge aus, oftmals befindet sich eine solche an Deinem Taschenmesser. Umso genauer Du ausschneidest, umso besser wird Dein Meisterwerk. Du kannst Deine Eltern natürlich auch bitten Dir mit einer Laubsäge zu helfen.

Schritt 2: Umriss fein ausschneiden

Schneide mit einem Skalpell so fein wie es geht die Umrisse aus. Sei dabei aber vorsichtig. Das Skalpell ist sehr scharf. Es ist sicherlich besser, wenn Deine Eltern Dir hierbei helfen. Schabe immer nur ein wenig ab. Bei dieser Arbeit ist viel Geduld gefragt. Arbeitest Du mit Balsaholz, dann brauchst Du nur einen geringen Druck ausüben. Es geht im Prinzip ganz einfach. Das Skalpell sollte eine schmale, lange Klinge haben.

Schritt 3: Die ersten Details herausarbeiten

Der nächste Schritt ist ein wenig komplizierter. Die ersten Details werden ausgearbeitet. Fang damit an, was sich am einfachsten schnitzen lässt. Beim Teddy sind das die Ohren. Schneide am besten erst einmal in das Holz eine Kerbe von 1 mm Tiefe. Danach schneidest Du eine Scheibe ab. Mache das so lange weiter, bis Du die nötige Tiefe gefunden hast. Die Ohren sind jetzt schon fertig, jedenfalls grob. Feiner ausgearbeitet werden diese erst später. Arbeite Dich nun Schritt für

Schritt vorsichtig weiter an die Details heran. Dazu braucht es ein wenig Spitzengefühl.

Schritt 4: Feine Details und der letzte Feinschliff

Hast Du nun alle Details ausgearbeitet, dann sollte die Holzfigur grob wie ein Teddy aussehen. Feile die Figur mit einem ganz feinen Schleifpapier sauber ab. Male anschließend mit dem Edding die Figur an und verpasse dem Teddy seine Augen und seinen Mund. Schon ist Dein selbst geschnitzter Teddy fertig.

Schritt für Schritt Anleitung Kleiderbügel schnitzen

Schritt 1: Holz aussuchen

Suche Dir ein passendes Stück Holz. Du brauchst eine stabile Y-Astgable. Lasse diese für ein paar Tage trocknen. Dein Taschenmesser sollte eine kleine und eine große Klinge haben und eine Säge.

Schritt 2: Einsatz der Säge

Schneide die Seitentriebe von der Astgabel mit der Säge ein. Sie müssen die gleiche Länge haben.

Schritt 3: Die Enden schnitzen

Runde die Enden der Seitentriebe mit der großen Klinge ab. Das Kleidungsstück verheddert sich sonst später am Bügel. Schnitze immer präzise an der Kante entlang, dann drehe das Holz kurz. Das machst Du solange bis Du eine Halbkugel hast.

Schritt 4: Kerbe sägen

Vom Haupttrieb der Astgabel schneidest Du dann mit der Säge eine tiefe Kerbe. Mit der Ahle bearbeitest Du die Kerbe. Es entsteht ein Haken, womit Du den Kleiderbügel aufhängen kannst.

Schritt 5: Das Zwergengesicht schnitzen

Jetzt kannst Du, wie Du möchtest das Zwergengesicht in den Hauptast einschnitzen. Du kannst zum Beispiel aus einem Rest eines abstehenden Astes die Nase des Zwerges schnitzen. Oder Du arbeitest einfach die Konturen des Gesichts heraus und malst sie anschließend an. Die kleinere Klinge nimmst Du zum Schnitzen der Details. Die Ahle ist ideal, um einen Bart zu schnitzen. Der Haken sollte so geschnitzt sein, dass er aussieht wie eine Zwergenmütze.

Schritt 6: Entrinden und glätten

Entrinde dann das restliche Holz und schmirgel es mit Schmirgelpapier ab und wenn Du möchtest, dann male den Zwerg noch an. Schon ist der Kleiderbügel fertig.

Schritt für Schritt Anleitung Pinguin schnitzen

Schritt 1: Den Pinguin aufzeichnen

Zeichne auf dem Holzstück den Pinguin mit einem Bleistift vor. Nimm für das Holz am besten ein Stück Restholz. Vorlagen findest Du Zahlreiche im Internet, die Du Dir ausdrucken und als Vorlage verwenden kannst.

Schritt 2: Holz aussägen

Schneide nun mit der Säge den Pinguin grob aus dem Holz aus. Ein Pinguin sollte etwas kantig sein, daher ist der Pinguin besonders gut für alle die geeignet, die sich das erste Mal an ein Tier herantrauen.

Schritt 3: Figur schnitzen

Schnitze mit einer großen Klinge den Pinguin in Form. Erst schnitzt Du den Kopf, dann den Schnabel. Bei der Problemzone zwischen dem Oberkörper und dem Schnabel kannst Du die Ahle verwenden.

Schritt 4: Schleifarbeit

Nimm nun das Schleifpapier, um damit die Kerben auszubessern. Mit dem Schmirgelpapier bearbeitest Du die groben Stellen. Es sollte eine niedrige Körnung haben. Das Schleifpapier mit der höheren Körnung nimmst Du für den letzten Feinschliff.

Schritt für Schritt Anleitung Dackel schnitzen

Schritt 1: Dackel skizzieren

Zeichne zunächst mit einem Bleistift den Dackel auf das Stück Restholz, welches Du vor Dir liegen hast. Du kannst natürlich auch etwas Kohlepapier nehmen, einen Dackel abpausen und dann auf das Holz zeichnen. Diese Art und Weise ist etwas einfacher, wenn man im Zeichnen nicht ganz so begabt ist.

Schritt 2: Den Rohling aussägen

Säge mit der Säge des Taschenmessers etwas oberhalb von den Linien den Rohling aus dem Stück Holz. Wie leicht die Säge durch das Holz kommt, zeigt Dir an, wie die Qualität Deines Taschenmessers ist. Ein Messer, welches gut geschärft ist, gleitet durch das Holz, wie durch Butter und Du wirst kaum einen Widerstand spüren.

Schritt 3: Die Details ausarbeiten

Beginne die Details des Dackelkopfes mit der großen und der kleinen Klinge auszuarbeiten. Denke auch daran, die charakteristischen Merkmale auszuarbeiten, wie die Schnauze des Dackels. Hier solltest Du besonders vorsichtig und achtsam vorgehen, damit Du nicht versehentlich zu viel von dem Holz aus arbeitest.

Schritt 4: Konturen schnitzen

Nun schnitzt Du die Konturen vom Hund sowie den Schwanz. Nimm Dir dafür viel Zeit. Lege immer zwischendurch den Rohling vor Dir auf den Tisch. Von allen Seiten betrachtest Du dann den Hund. Vergleiche ihn mit dem Bild von Deinem Dackel. Der Dackel zeichnet sich aus durch seinen langen Körperbau und seine kurzen, kräftigen Beine. Das sollte auch beim geschnitzten Hund gut zu erkennen sein.

Schritt 5: Die Feinarbeiten

Hat Dein Dackel seine Form angenommen, so Schmirgel ihn mit dem Schleifpapier kräftig ab. Auf diese Art und Weise kannst Du die Kerben ausbessern sowie die Konturen vom Dackel ausarbeiten. Es gibt den Dackel als Rauhaar Dackel, Kurzhaardackel und Langhaardackel. Dementsprechend kannst du ihn zum Schluss anmalen.

Infos, die kleine Schnitzer zu großen Künstlern machen

Jeder hat einmal klein angefangen und sicherlich ist das ein oder andere Stück nicht gelungen, doch mit der Zeit wirst auch Du wie alle anderen kleinen Künstler besser werden. Es ist nur wichtig, dass Du dabei bleibst, dass Du nicht aufgibst und Dir immer wieder Infos einholst, wie Du Dich noch verbessern kannst. Versuche Dich erst an einfachen Schnitzereien und gelingen Dir diese, dann kannst Du noch einen Schritt weitergehen und schwierigere Meisterwerke anfertigen.

Schnitzen macht nicht nur Spaß, nein, es kann zu einem Hobby werden, welches die Feinmotorik positiv beeinflusst. Du lernst zudem Dein Vorstellungsvermögen und eine lange Konzentration auf eine bestimmte Sache zu intensivieren. Du brauchst keine Angst vorm Schnitzen zu haben und auch Deine Eltern müssen nicht befürchten, dass Du Dich schwer verletzten könntest. Es ist wichtig, dass Du Schritt für Schritt an das Schnitzen herangeführt wirst.

Die mögliche Ausrüstung speziell für Kinder ist sehr vielseitig und daher solltest Du Dir bei der Wahl etwas Zeit lassen. Ein Taschenmesser, welches mit einer feststellbaren Klinge versehen ist, bietet viele Vorteile. In zahlreichen Fällen bieten solche Kindermesser noch mehr Funktionen wie beispielsweise eine Schere und eventuell noch einen integrierten Dosenöffner. Du solltest zudem darauf achten, dass Dein Taschenmesser von einem namhaften Hersteller ist, auch wenn dieses ein bisschen teurer ist.

Was ist Kerbschnitzen?

Kerbschnitzen bezeichnet die Art von Schnitzen, wie ganz zu Anfang geschnitzt wurde. Schriften, Ornamente oder Bilder werden mit Kerben geschnitzt. Holzhäuser und Massivholz-Möbel erhielten so früher ihre

Verzierungen. Heute wird das zum Teil noch bei Stühlen oder Arven-Möbeln gemacht. In grauer Vorzeit wurden mit diesem Verfahren schon Ornamente in Holz oder auch Steine geritzt. Sie dienten als Verzierung bei Gebrauchsgegenständen, bei Dachstühlen und wurden teilweise auch für heilige Stätten genutzt. Bei der Art des Schnitzens zeichnest Du mit einem Zirkel und einem Bleistift Muster auf das Holzstück und stichst die Muster mit einem scharfen Messer aus. Zum Vorschein kommen vertiefte Muster. Aufgrund der häufigen Wiederholungen bleibt ein gefälliger Eindruck über. Oftmals werden für das Kerbschnitzen Hölzer genommen, die eine gleichmäßige Maserung aufweisen. Zu diesen Hölzern gehören die Linde, der Birnbaum, die Erle, die fein jährige Fichte und die Zirbelkiefer. Nicht so gut geeignet sind dafür Hölzer, die eine starke Maserung haben. Durch die Struktur kommt die Schnitzerei nicht wirklich zur Geltung. Geschnitzt wird mit einem Kerbschnitzmesser. Dieses Messer hat eine kurze Klinge. Zum Schnitzen benutzt Du ein Kerbschnitzmesser. Mit der einen Hand schnitzt Du. Deinen Daumen stützt Du auf der Schnitzoberfläche ab. Mit der anderen Hand hältst Du das Schnitzobjekt fest. Du nimmst aus dem Holz dreieckige Keile heraus.

In ihrer Summe ergeben sie ein geometrisches Muster. Du kannst Deiner Fantasie freien Lauf lassen. Es gibt vieles, wo Du die Kerbschnitzerei anwenden kannst. Du kannst Gegenstände verzieren und Du kannst Holzteller verzieren und auch als Wandschmuck sind diese Schnitzereien sehr ansehnlich. Du kannst auch problemlos Kerbmuster in Kerzenhalter schnitzen. Mit der Kerbschnitzerei bringst Du ein wenig mehr Dekoration in die Räume. Anders als beim Schnitzen wird beim Kerbschnitzen das Holz gedreht. Die Hand hat immer dieselbe Haltung. Zu den zwei wichtigsten Kerbschnitten gehören der Drehschnitt sowie der Sechsschritt. Es entstehen verschiedene Muster, wenn beide Schnitte aneinandergereiht werden. Den Dreischnitt machst Du mit zwei senkrechten sowie einem horizontalen flachen Aushubschnitt. Im tiefsten Punkt treffen sich alle drei Schnitte. Durch den Sechsschnitt entsteht eine Art umgekehrte

Pyramide. Du machst drei senkrechte und drei horizontal flache Schnitte, sogenannte Sushubschnitte. Die Schnitte treffen sich im tiefsten Punkt in der Mitte. Dann gibt es noch den Schweifschnitt und den Mandelschnitt. Schnitzen kannst Du sie mit einem speziellen Schweifmesser oder einem Kerbschnitzmesser. Um richtig Kerbschnitzen zu können, brauchst Du ein Messer, dass eine durchgehende sowie eine vorgesetzte Klinge hat. Hinzukommt ein Stecker, ein Zirkel, ein Bleistift und ein Winkel. Bevor Du mit dem Arbeiten beginnst, muss das Messer geschärft werden. Das Werkzeug muss sehr scharf sein. Wie auch beim üblichen Schnitzverfahren musst Du auch hier vom Körper weg schnitzen. Du kannst grandiose Muster aufzeichnen und diese anschließend gestalten. Meist werden Ornamente und Schriften geschnitzt. Der Kerbschnitt wird auch Keilschnitt genannt. Kerbschnitzereien sind zeitlos schön und kommen nie aus der Mode.

Schnitzt Du zum ersten Mal befestige das Werkstück am Arbeitstisch mit einer kleinen Zwinge. Zunächst musst Du das Holz erst einmal abschleifen. Das geht mit einer Schleifmaschine oder Schmirgelpapier. Dann folgt die Zeichnung auf dem Holz. So kannst Du kontrollierter arbeiten. Zuerst schnitzt Du die äußeren Begrenzungslinien weg. Du musst das Messer immer gleich halten. Ansonsten ändert sich die Schräge des Schnitts, dann kannst Du mit den Kerben an den Außenseiten anfangen. Schnitze sie schräg zur Mitte. Deine Hand liegt auf Deinem Daumen. Dieser ist der Dreh- und Stützpunkt. Die Schnitte, die nun entstanden sind, werden miteinander zur Mitte hin verbunden. Schneide kraftvoll und langsam. Durch unsaubere Schnitte verdirbst Du Dein Muster. Ganze Flächen kannst Du mit dem Kerbschnitt versehen. Sie werden aufgerastert in Quadrate. Dringend notwendig ist, dass saubere Vorzeichnen bei dieser Arbeit. Bist Du fertig mit dem Schnitzen, schleifst Du das Werk in Faserrichtung ab. Am besten lackierst Du es anschließend noch. Ansonsten verliert Dein Werk seine optische Wirkung.

Möchtest du das Holz färben, denke daran, dass die Farbe in das Hirnholz tief einzieht. Die Farbe der Kerben verändert sich dadurch. Sie wird dunkler. Es wird empfohlen, dass Du die Flächen nur betupfst. Hierzu eignet sich ein kleines Schwämmchen hervorragend. Beginne zu Anfang mit leichten Mustern, damit Du nicht direkt die Lust am Kerbschnitzen verlierst, denn es ist etwas Zeit- und Arbeitsaufwendig. Du musst Dich sehr gut konzentrieren und kleinste Fehler geben dem Werk ein anderes Aussehen. Das Kerbschnitzen hilft Dir dabei, ein Auge für das Schnitzen von Details zu bekommen, wenn Du später einmal Figuren schnitzen möchtest. Zudem lernst Du, vorsichtig und langsam zu arbeiten und keine übereilten Bewegungen zu machen. Beginne, wenn Du anfängst mit dem Kerbschnitzen mit größeren Motiven, bei denen noch nicht soviele Details auszuarbeiten sind. Für Anfänger ist das Kerbschnitzen ideal. Nimm Dir genügend Zeit und gib nicht gleich auf, wenn es nicht so klappt, wie Du es gerne hättest. Übung macht den Meister. Den Spruch gibt es nicht umsonst. Jeder hat einmal klein angefangen, auch die bekanntesten Schnitzer. Es lohnt sich in jedem Fall, wenn Du dran bleibst und nicht direkt aufgibst. Du wirst schon bald Dein erstes Werk mit Stolz in den Händen halten. Spätestens ab diesem Zeitpunkt möchtest Du gar nicht mehr aufhören mit dem Schnitzen.

Fehler beim Kerbschnitzen, die Du vermeiden solltest

Ganz wichtig ist ein gutes Set aus den Holzschnitzwerkzeugen, die Du brauchst. Zudem ist viel Geduld gefragt. Es braucht Zeit, die Fehler zu lösen, welche Du am Anfang machen wirst, während Du Dein Kunstwerk erstellst. Zunächst einmal solltest Du das richtige Holz wählen. Es eignet sich nicht jedes Holz zum Kerbschnitzen. Eine Menge Holzspäne werden weiter brechen und splittern. Du solltest einen qualitativ hochwertigen Lindenholzrohling nehmen. Eine stumpfe Klinge nimmt Dir die Freude am Kerbschnitzen. Du musst das Messer immer wieder mal überprüfen. Um mit Erfolg das Handwerk auszuüben, brauchst Du ein hochwertiges Holzstück und ein scharfes Messer. Merkst Du, dass es schwer wird, einen Schnitt zu machen und Du musst Dich mit ganzer Kraft durch das Holz kämpfen, dann muss die Klinge geschliffen werden. Nimm am besten ein Kerbschnitzmesser, dass eine dünne Klinge hat. Die Abschrägung sollte groß sein und nicht zu steil.

Setzt Du die Schnitte falsch, kann es sein, dass der Span bricht oder es zu einem nicht erwünschten Riss kommt. Ziehe das Messer nicht durch das Holz. Du musst es in die Richtung des Holzes schieben. Es kann passieren, dass Du die eine Chipseite überschneidest. Merkst Du das, dann übe auf die Klinge einen leichten Druck aus. Schneide kleine und genaue Schnitte. Zu Anfang wird es Dir passieren, eine Musterlinie nicht genau zu treffen, auch wenn es nur ein ganz kleines bisschen ist, ist es ein Fehler, welcher das Muster durchbrochen hat. Arbeite ganz vorsichtig und folge perfekt den Linien. Passiert es dennoch, so versuche eine Wiederholung der Schnitte und konzentriere Dich darauf, präzisere Bewegungen zu machen. Den Chip klebst du zurück und schneidest dann erneut, sofern Du aus Versehen ein Stück zu viel ausgeschnitten hast.

Welches Holz eignet sich beim Kerbschnitzen?

Hölzer, die eine gleichmäßige Maserung haben, sind am besten zum Kerbschnitzen geeignet. Dazu gehören Erle, Linde, Birnbaum, Zirbelkiefer und die Fichte. Das Holz muss feinfaserig und weich sein. Für Übungs Brettchen eignet sich am besten Lindenholz. Dies ist allerdings weiß. Deshalb musst Du die Schnitzereien am Ende mit farbiger Beize behandeln. Dieser Vorgang kann jedoch die Reinheit Deiner Arbeit beeinträchtigen. Ideal für Kerbschnitzarbeiten ist das Holz des amerikanischen Nussbaumes. Es wird auch Satinholz genannt, wegen seiner glänzenden Optik. Es hat eine braune warme Naturfarbe. Das Holz der Erle ist ebenfalls leicht zu bearbeiten. Allerdings kannst Du es nicht ganz scharf bearbeiten, anders ist dies beim Ahornholz, Nussholz, Holz des Apfelbaumes und des Birnenbaumes. Leicht splittern kann das Holz der Eiche, der Rotbuches sowie das Zirbenholz. Diese sind nur geeignet für größere Arbeiten.

Warum erhalte ich oft so viele Holzspäne beim Schnitzen?

Ein Grund, warum beim Schnitzen mehr Holzspäne anfallen, als es sonst der Fall ist, kann sein, dass Du das falsche Holz verwendest. Aufgrund der Struktur gibt es eine Menge Holzspäne, die weit brechen oder splittern können. Eine stumpfe Klinge ist ein weiterer Grund für viele Holzspäne. Ist das Messer nicht scharf genug, splittern Holzspäne ab, die nicht absplittern sollen, auch zu große Stücke können herausbrechen. Die Schnitte müssen richtig ausgeführt werden, ansonsten gehen feine Holzstücke verloren, die eigentlich am Holz bleiben sollten. Das Messer muss in das Holz geschoben und nicht gezogen werden. Beim Ziehen kann es sein, dass die Maserung reißt oder bricht.

Was kann ich machen, wenn meine Spanwand wackelig ist?

Hast Du die Wand des Chips mit gestaffelten Strichen geschnitten, dann schneide sie neu mit einem vollen Strich, damit kannst Du die ganze Wandseite abdecken. Du erhältst eine flache Wand, sowie es sein sollte. Wackelt die Spanwand, schnitze sie mit Deiner Messerklinge vorsichtig nach. Achte darauf, dass Du die Ecken nicht berührst. Ist die dritte Wand des Chips etwas zu weit entfernt vom Schnittpunkt der beiden anderen Wände, bekommst Du so für den Chip keinen eindeutigen Bohrlochpunkt. Den Fehler musst Du korrigieren. Schneide eine der Spanwände nach. So minimierst Du den Schnitt.

Was kann passieren, wenn die Schnitttiefen ungleich sind?

Sind die Schnitttiefen ungleich, hast Du eine Seite des Chips überschnitten. Sind die Schnitttiefen gleich, musst Du alle Seiten so ausrichten, dass sie sich an einem bestimmten Punkt treffen. Sollte eine Seite zu tief sein, übe auf die Klinge einen leichten Druck aus und schneide genaue und kleine Schnitte. Du wirst nach einiger Zeit gelernt haben, die Schnitte exakt zu machen und Späne, die perfekt sind, herauszunehmen.

Das kleine Lexikon der Arbeitshaltung

Zunächst einmal solltest Du nur im Sitzen schnitzen. Nach dem Motto: „Wer sitzt, der schnitzt“. Wichtig beim Schnitzen ist die richtige Körperhaltung. Deine Füße stehen fest auf dem Boden, damit Du einen sicheren Halt hast. Du sitzt breitbeinig, was den festen Halt ebenfalls verbessert. Deinen Oberkörper beugst Du leicht nach vorne. Lege Deine Arme auf die Oberschenkel, so hast Du eine bessere Kontrolle über die Bewegungen beim Schnitzen. Du hältst zu anderen Personen zwei Armlängen Sicherheitsabstand. Zwei Armlängen sind circa ein Meter. Deine Schnitzbewegung erfolgt immer von Deinem Körper weg. Das Schnitzmesser hältst Du fest mit dem Faustgriff. Beachtest Du diese Körperhaltung und die weiteren Regeln beim Schnitzen, dann kann es schon losgehen.

Schnitzen ist ein sehr beliebtes Hobby und nicht nur bei Kindern, doch Du musst wissen, dass es wie bei jedem anderen Hobby auch der Fall ist, erst erlernt werden muss. Du wirst Niederlagen kennenlernen und auch viele Erfolgserlebnisse. Es wird einige Zeit dauern, bis Du sagen kannst, dass Du ein Profi im Schnitzen bist. Sind Deine Werke irgendwann ein absoluter Hingucker, selbst dann wirst Du merken, dass Du immer noch neue Dinge erlernen kannst. Deine ersten Werke werden sicherlich nicht professionell sein, aber das ist nicht schlimm, sondern bei den meisten Menschen der Fall, die mit dem Schnitzen anfangen. Du wirst zudem bemerken, dass es Kinder gibt, die sehr schnell verstehen, wie das Schnitzen funktioniert und andere, die einfach etwas länger Zeit benötigen, doch so soll es sein.

Zielorientiertes Arbeiten

Beim Schnitzen geht es darum, ein bestimmtes Ziel zu erreichen. Es ist immer sinnvoll, dass Du Dir vorab Gedanken darüber machst, wie Dein Kunstwerk letztendlich aussehen sollte. Beginnst Du mit Deiner Arbeit, so arbeitest Du stets auf ein bestimmtes Ziel hin. Bleibst Du bis zum Ende bei der Sache und gibst vorher nicht auf, weil es nicht so klappt, wie Du es Dir wünschst, kannst Du sehr stolz auf Dich sein. Hast Du mit dem Schnitzen begonnen, dann solltest Du schon wissen, wie Du mit einem Messer umgehen musst. Es ist wichtig, dass Dir Mama oder Papa zu Anfang zeigen, wie Du richtig mit dem Schnitzmesser umgehen kannst. Du solltest auch in der Lage sein, die einzelnen Arbeitsschritte nachvollziehen zu können. Arbeite zielstrebig auf Dein Ziel hin. Du musst Dein Schnitzwerk nicht an einem Tag fertigstellen. Hast Du mal keine Lust, weiter an Deinem Holzstück zu arbeiten, dann ist das in Ordnung. Es ist wichtig, dass Du Spaß an der Sache hast, denn nur dann wirst Du letztendlich erfolgreich sein.

Soziales Lernen

Schnitzt Du beispielsweise im Kindergarten zusammen mit anderen Kindern oder bei den Pfadfindern, dann unterstützt das auch das soziale lernen. Du bist mit anderen Kindern zusammen und musst beim Arbeiten aufpassen, dass Du andere Menschen nicht verletzt, indem Du immer genügend Abstand hältst. Zudem kannst Du Dir bei anderen Personen was abgucken oder diese fragen, wie sie bestimmte Schnitzvorgänge umgesetzt haben. Betrachtet Ihr am Ende Eure Werke, könnt Ihr alle stolz auf Euch sein und Du kannst Dir zudem für Dein nächstes Schnitzprojekt neue Ideen holen. Das Zusammengehörigkeitsgefühl wird gestärkt, wenn Ihr gemeinsam etwas erarbeitet und mal ganz ehrlich, macht das Schnitzen in einer

Gruppe nicht viel mehr Spaß? Ihr könnt Euch gegenseitig motivieren und anspornen, wenn es mal nicht so klappt und einer aufgeben möchte. Ihr erlebt zusammen die Natur und bekommt ein Gefühl für diese und was sie alles zu bieten hat. Gemeinsam besteht Ihr ein Abenteuer mit viel Spaß und Freude. Vieles macht zu zweit oder in einer Gemeinschaft wesentlich mehr Spaß als alleine. Selbst wenn jeder für sich auf das Schnitzen konzentriert ist und Ihr ruhig seid, so macht Ihr etwas gemeinsam in einer Gruppe. Du lernst von anderen Hilfe anzunehmen, Hilfe zu geben und Dich um andere Personen zu kümmern. Du lernst Regeln zu befolgen und auf das zu hören, was die Begleitperson Dir aufträgt und Dich in die Gemeinschaft einzufügen.

Ordnung und Sauberkeit am Arbeitsplatz

Ein ordentlicher und sauberer Arbeitsplatz ist das A und O beim Schnitzen, neben den Regeln, die von Dir befolgt werden müssen. Du kannst nur so vernünftig arbeiten, ohne dauernd Deine Arbeit unterbrechen zu müssen. Achte auch immer darauf, dass Du Dein Werkzeug bei Dir trägst, sodass es stets bei Bedarf griffbereit ist. Des Weiteren vermeidest Du so, dass sich niemand verletzen kann. Achte zudem unbedingt darauf, dass Du saubere Finger hast, damit Du keine Flecken auf Dein Schnitzwerk machst, die sich später nur schwer entfernen lassen würden. Schnitzt Du zu Hause und nicht im Wald, gilt es, nachdem Schnitzen den Arbeitsplatz immer aufzuräumen. Das Werkzeug wird weggeräumt und der Boden gefegt. Die Werkzeuge dürfen nicht so hingelegt werden, dass sich andere Menschen verletzten oder sogar hineintreten könnten. Achte immer auf Dein Werkzeug, damit dieses zudem nicht verloren gehen kann. Sollten sich zu viele Späne angesammelt haben, dann fege zwischendurch einmal den Boden, so hast Du am Ende, wenn Du mit dem Schnitzen fertig bist, nicht mehr ganz so viel Arbeit. Arbeitest Du drinnen, also in einem geschlossenen Raum, mache ein Fenster zumindest auf kipp auf. Du wirst merken, wie es staubt, während Du am Arbeiten bist und möchtest diesen Staub sicherlich nicht einatmen und zudem kommt gleichzeitig Sauerstoff in den Raum. Am besten arbeitest Du, wenn möglich in der Garage, im Keller oder einem Arbeitsraum, wo es ruhig auch mal stauben darf und Holzspäne herumliegen dürfen, bis Du mit Deiner Arbeit fertig bist. Der Boden sollte keinen Teppich haben, da sich die Späne in diesem leicht verfangen können und dieser mit der Zeit nicht mehr ansehnlich wäre. Wichtig ist eine gute Beleuchtung, damit Du sauber und genau arbeiten kannst und Dir zudem nicht die Augen verdirbst. Besonders gut wäre beim Schnitzen Tageslicht. Ein weiterer Vorteil ist, dass Du Dich, wenn genug Licht vorhanden ist, weniger schnell verletzen kannst.

Sicherheitsbewusstsein

Dir sollte klar sein, dass es sich bei einem Messer nicht um ein Spielzeug handelt, sondern Du damit andere Menschen und auch Dich selbst verletzen kannst. Es ist besonders wichtig, immer dann, wenn Du mit dem Schnitzmesser arbeitest, dass Du besonders sorgsam mit dem Messer umgehst. Sei Dir klar darüber, dass Du, wie bei jedem Hobby, ein paar Regeln beachten musst, wenn du mit dem Messer arbeitest. Für Deine Sicherheit und für die Sicherheit der anderen. Du kannst Dich schon eine Zeit lang auf etwas konzentrieren und Du hast die Kenntnis, wie mit einem Messer umzugehen ist. Du bist in der Lage, Deine Umgebung im Auge zu behalten. Hastige Bewegungen und zu schnelles arbeiten, um fertig zu werden, bringen Dich nicht weiter. Arbeite langsam und genau, denn nur so kommst Du ans Ziel und Dein Schnitzwerk wird eine saubere und ordentliche Arbeit. Schnelles Arbeiten lässt Dich nicht nur unsauber werden, sondern Du kannst Dich und andere Menschen schneller verletzen. Du musst sowohl das Messer als auch das Stück Holz fest in der Hand halten können und das Messer ohne Probleme so führen können, wie Du es möchtest. Du hast die Gewalt über das Schnitzmesser. Dieser Punkt ist besonders wichtig, denn Du musst wissen, was genau passiert, wenn Du das Schnitzmesser in eine bestimmte Richtung bewegst.

Kenntnisse über den Rohstoff Holz erhalten

Beim Schnitzen wirst Du viel Neues kennenlernen, auch über Dich. Zunächst einmal bist Du draußen in der Natur und siehst, was die Natur alles zu bieten hat. Du riechst den Wald, Du fühlst ihn und Du kannst den Wald sogar manchmal schmecken. Es werden alle Deine Sinne geweckt, welche Dir beispielsweise beim Computer spielen verborgen bleiben. Deine Lungen tanken Sauerstoff und Du wirst sehen, wieviel

Spaß es macht, draußen in der Natur zu sein. Du wirst achtsamer und achtest auch auf die kleinen Dinge. Du hältst inne und lauschst der Stille und merkst, wie gut sie tut. Deine Neugierde wird geweckt, was es alles zu sehen und zu hören gibt. Du wirst merken, wie Dich der Aufenthalt in der Natur beruhigt. Du bekommst durch das Schnitzen ein Gefühl für den Rohstoff Holz. Du fühlst die kleinen Unebenheiten, kannst zählen, wie alt der Baum ist und wie das Holz ohne Rinde aussieht. Du kannst erkennen. Was sich alles unter der Rinde befindet. Du wirst überrascht sein, was sich immer wieder Neues entdecken lässt.

Holzbeschaffenheit

Trockenes Holz fühlt sich anders an als nasses Holz und lässt sich auch anders bearbeiten. Es riecht anders und es fühlt sich anders an. Holz kann beispielsweise schwimmen, es kann sich verfärben, durch Einölen oder lackieren. Hölzer haben unterschiedliche Farben und unterschiedliche Maserungen. Du kannst das Holz nicht nur schnitzen, sondern auch Holzstücke leimen. Denke an Schränke und Tische beispielsweise, die geleimt sind, damit sie Halt bekommen. Neben dem Verleimen von Holzstücken kannst Du diese auch mit Nägeln miteinander verbinden. Es gibt festes Holz, das sogenannte Hartholz und weicheres Holz, das sogenannte Weichholz, wie die Namen bereits beschreiben. Das Weichholz lässt sich leichter schnitzen und ist daher ideal für Anfänger. Du musst beim Schnitzen weniger Kraft aufwenden. Weiches Holz bricht und splittert auch nicht so leicht wie hartes Holz. Hartes Holz brennt zudem schneller, als dies bei Weichholz der Fall ist. Nasses Holz wiederum kann schneller faulen, wenn es falsch gelagert wird. Du siehst jede Holzart, egal ob es sich hierbei um Hart- oder Weichholz handelt, haben Vor- und Nachteile vorzuweisen.

Nachwachsender Rohstoff

Holz lebt, wusstest Du das? Es wächst nach und zudem werden immer wieder neue Bäume gepflanzt, die dann langsam heranwachsen können und der Erde wieder Schatten spenden. Holz zieht sich zusammen und dehnt sich wieder aus. Dieser Vorgang hat mit dem Wechsel von Kälte und Wärme zu tun. Bei Wärme oder Hitze dehnt es sich aus, bei Kälte zieht es sich zusammen. Dadurch kann es zu Rissen im Holz kommen.

Holzverbindung durch Leimen

Um Holz miteinander zu verbinden, gibt es extra Holzleim. Er ist weiß und milchig. Hinzukommen weitere Arten von Leimen für das Holz. Das Holz leimen gehört zur ältesten sowie zur vielfältigsten Art der Anwendung, Holzstücke miteinander zu verbinden. Möchtest Du die einzelnen Holzstücke miteinander verleimen, achte darauf, dass die Stellen, die miteinander verbunden werden, trocken und sauber sind. Wichtig ist, dass Du nicht zu viel und nicht zu wenig Leim aufträgst. Bei zu wenig Leim hält die Verbindung nicht und bei zu viel Leim quillt der Leim heraus. Du wirst mit der Zeit herausfinden, welche Menge Leim die richtige ist. Hast Du die Holzstücke miteinander verbunden, braucht es Druck, damit die Verbindung auch bestehen bleibt und sich nicht mehr löst. Der Leim muss ja trocknen. Bis er getrocknet ist, muss Druck auf der Verbindung vorhanden sein. Je nachdem wie Du das Holz miteinander verbindest, kannst Du ein schweres Buch auf Dein Holzstück legen oder einen anderen schweren Gegenstand, der die beiden Holzstücke zusammenhält. Es gibt auch Schraubzwingen extra für diesen Zweck.

Holzverbindung durch Nageln

Am stabilsten kannst Du Holzstücke miteinander verbinden durch Schrauben, Nägel und Dübel. Zudem ist es auch die einfachste Methode. Noch fester wird die Verbindung des Holzes, wenn Du, bevor Du die Holzstücke mit Nägeln verbindest, Holzleim aufträgst. Du kannst die Holzstücke auch durch nageln verbinden. Durch die Holzstücke, die Du miteinander verbinden möchtest, schlägst Du entsprechend lange Nägel in dieses. Auf der Rückseite, wo die Enden der Nägel wieder austreten, solltest Du die Nägel flach schlagen oder eine Zange zu diesem Zweck verwenden. Das sieht zwar nicht so schön aus, hält dafür aber bombenfest und die Verletzungsgefahr wird minimiert.

Danke

Es freut mich sehr, dass Du Dir mein Buch durchgelesen hast. Ich hoffe, dass es Dir gefallen hat und das Du einige Tipps und Informationen erhalten hast, die Dir beim zukünftigen schönen Hobby, dem Schnitzen helfen werden. Denke bei Deinen Arbeiten immer daran, dass Du Dir beim Schnitzen Zeit lassen solltest und das ein Kunstwerk schon einmal mehrere Wochen andauern kann, bis es fertiggestellt werden kann. Ich wünsche Dir viel Spaß für Deine ersten Kunstwerke und hoffe das noch viele folgen werden.

Rechtliches

Alle Angaben in diesem Buch erfolgen nach bestem Wissen und Gewissen.

Sorgfalt bei der Umsetzung ist indes dennoch geboten.

Haftungsansprüche gegen den Autor, welche sich auf Schäden gesundheitlicher, materieller oder ideeller Art beziehen, die durch Nutzung oder Nichtnutzung der dargebotenen Informationen bzw. durch die Nutzung fehlerhafter und unvollständiger Informationen verursacht wurden, sind grundsätzlich ausgeschlossen, sofern seitens des Autors kein nachweislich vorsätzliches oder grob fahrlässiges Verschulden vorliegt.

Dieses Buch ist kein Ersatz für eine medizinische oder professionelle Beratung und Betreuung.

Jahr der Veröffentlichung: 2021

1.Auflage

Impressum

Der Autor Markus Bunt ist vertreten durch:

Daniel Thiele

Kirchweg 22

55234 Freimersheim

Covergestaltung: fiverr.com/germancreative

Coverfoto: despositphotos.com

E-Mail: support@th-publishing.de

Printed in Poland
by Amazon Fulfillment
Poland Sp. z o.o., Wrocław

81220498R00043